Dans la même collection

BALEINES et DAUPHINS du monde
tous les CHATS du monde
tous les CHEVAUX du monde
tous les CHIENS du monde
tous les FÉLINS du monde
tous les MAMMIFÈRES du monde
tous les REQUINS du monde
tous les SERPENTS du monde

Tous nos remerciements à Pierre Beaubrun,
docteur en océanologie biologique, maître de conférence
à l'École pratique des hautes études, pour sa relecture scientifique.

Loi 49.956 du 16.07.1949
ISBN : 2.7459.1309.3

Dépôt légal : 1er trimestre 2004
Imprimé en Italie

BALEINES et DAUPHINS du monde

Renée Le Bloas-Julienne

MILAN jeunesse

Les enchanteurs de l'océan

Des heures d'attente et puis, c'est la récompense ! Pufff… Le souffle puissant d'une baleine crève la surface. Sa silhouette majestueuse se dessine sous les flots.
La créature est énorme ! Mais la belle ondule avec grâce. Puis, comme un au revoir, elle dresse sa queue en l'air avant de disparaître, happée par l'océan.
Soudain, une troupe de petites torpilles vivantes et bondissantes surgit de nulle part. Les dauphins fusent de partout, frôlent la coque, soufflent, chevauchent la lame d'étrave, surfent sur le sillage écumeux du bateau et puis s'en vont.
Géants de l'onde et petits princes des vagues enchantent nos mers. Et quand ils se donnent en spectacle, l'homme est leur meilleur public. Mais ces mammifères intelligents restent encore un mystère pour les chercheurs et sont toujours les victimes du grand saccage de leur univers marin.
En tout, 80 espèces de cétacés à mieux connaître et à protéger avant qu'elles ne soient à bout de souffle…

Qui sont les dauphins et les baleines ?

Ces animaux vivant dans l'eau ne sont pas des poissons ! Ce sont des mammifères, comme les hommes. Ils respirent avec leurs poumons, mettent au monde des bébés déjà formés et les allaitent. Ils appartiennent à l'ordre des cétacés qui se divise en deux : ceux porteurs de dents pour capturer leurs proies et ceux équipés de fanons qui filtrent l'eau.

PENSER À RESPIRER !
Contrairement à l'homme, la respiration n'est pas un réflexe chez les cétacés, mais un acte volontaire : ils doivent penser à respirer.

La queue des cétacés bat de haut en bas, contrairement à celle des poissons qui ondule de gauche à droite.

DE LA TERRE À LA MER
Il y a 60 millions d'années, le *Mesonyx*, un animal terrestre coureur (type gazelle ou petite antilope), fut repoussé sur les rivages par des prédateurs plus puissants. Peu à peu, il se glissa dans l'eau pour n'en plus ressortir, ses formes se modifiant pour s'adapter à son nouvel environnement. Ses lointains descendants s'appellent baleines et dauphins.

Des mammifères aquatiques

Façonnés par l'évolution dans l'immensité marine, les cétacés sont parfaitement adaptés à la vie aquatique. Leur corps effilé améliore leur hydrodynamisme. Pour nager vite, leur cou est court et rigide puisque toutes ses vertèbres cervicales sont soudées.
Leurs membres antérieurs sont devenus des nageoires, les postérieurs ont disparu. Ces animaux étant contraints d'effectuer des déplacements verticaux pour respirer régulièrement en surface, leur queue s'est développée horizontalement et leurs narines ont migré sur le sommet de la tête.

UNE PEAU « ANTIFREINAGE »
L'eau offre 7 fois plus de résistance que l'air. La vitesse crée, le long du corps, des turbulences qui ralentissent la progression. Chez les dauphins, des capteurs de pression détectent le moindre tourbillon parasite ; des muscles sous-cutanés déforment leur peau en microsillons dans le creux desquels les tourbillons sont absorbés. Leur nage est fluide : ils glissent dans l'eau.

Un manteau graisseux

Contrairement à la plupart des autres mammifères, les baleines et les dauphins ne sont pas dotés d'un épais pelage, mais d'une couche de lard qui les protège des pertes de chaleur. Chez certaines espèces, elle peut atteindre plus de 50 cm d'épaisseur ! Elle leur permet aussi d'alléger leur poids dans l'eau. Cette couche adipeuse n'est pas fixée aux muscles mais peut bouger légèrement, à la manière d'un bourrelet. Cela permet aux baleines de nager dans l'eau sans créer de turbulences.

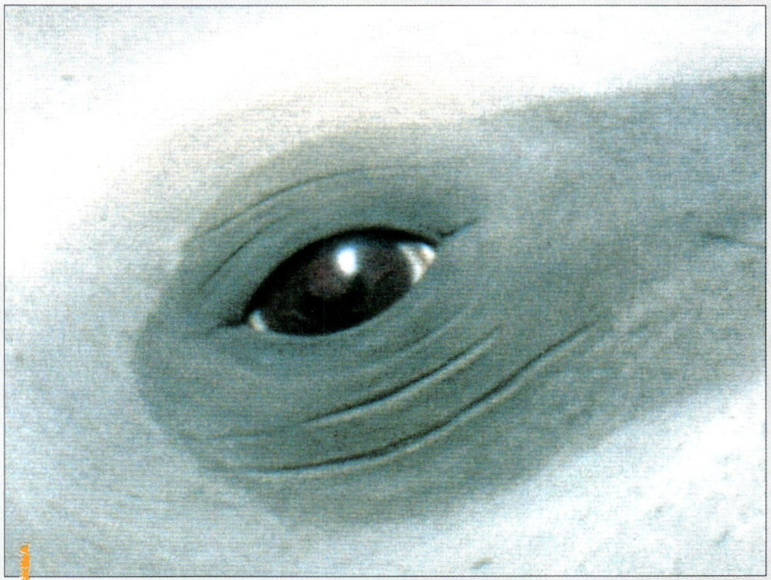

Contrairement à l'homme qui, sans masque, voit flou sous l'eau, les cétacés ont des yeux amphibies : ils voient aussi bien sous l'eau que dans l'air.

Des champions de la plongée

Les cétacés sont les champions des plongées longues et profondes. Pourtant, ils n'emportent qu'une petite provision d'air. Leur secret ? Ils stockent dans leurs poumons l'oxygène de l'air inhalé, mais aussi dans leur sang, leurs muscles et d'autres tissus.
En outre, ils savent parfaitement utiliser et économiser le précieux gaz : il est fourni en priorité aux organes vitaux (cerveau, moelle épinière, foie, cœur).
Ils sont aussi capables de ralentir leur rythme cardiaque.

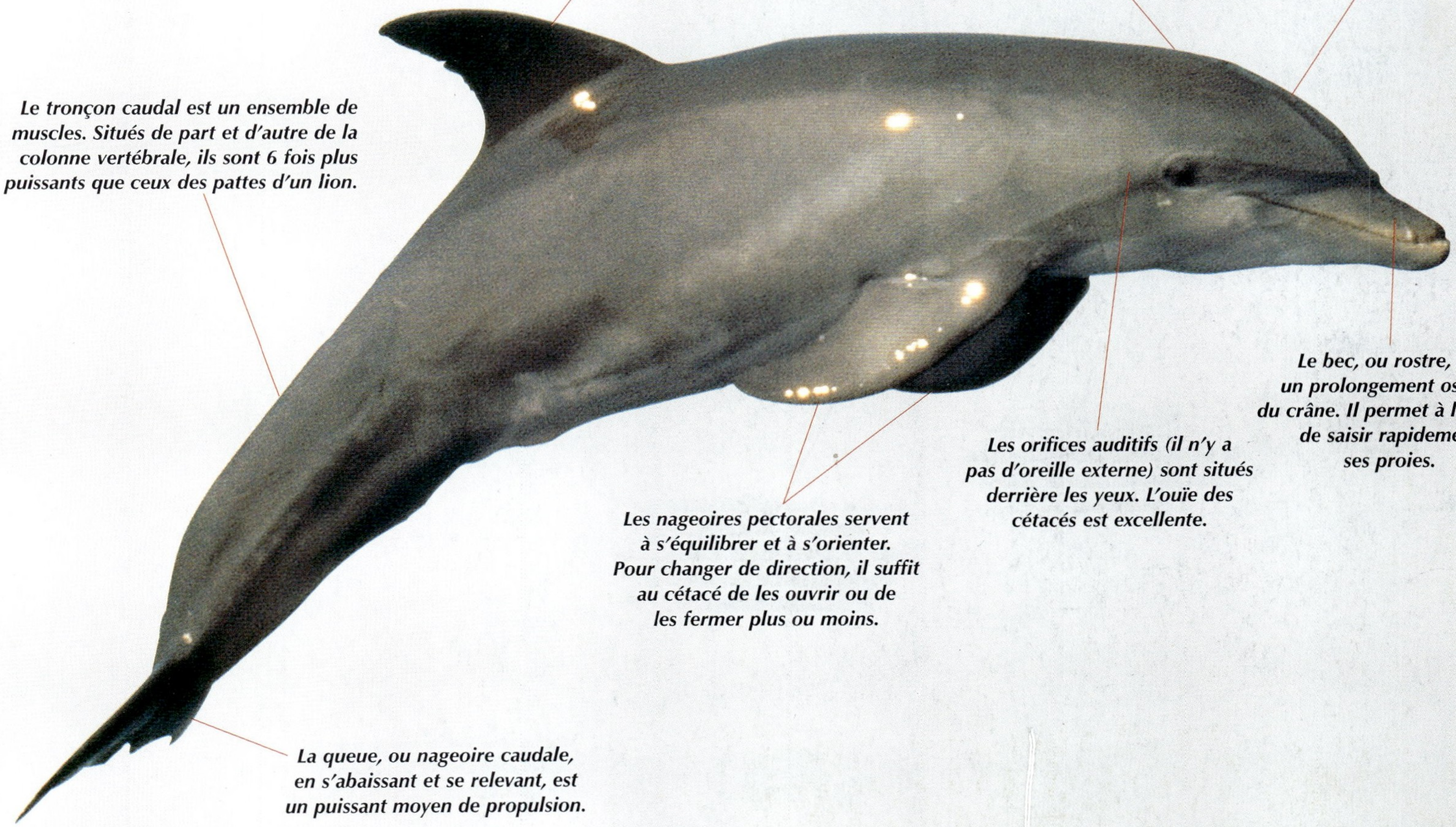

Les cétacés à dents

Ils regroupent de superprédateurs marins : dauphins, cachalots, orques, globicéphales, baleines à bec, narvals, bélugas et marsouins. Tous ont en commun un sonar pour se repérer, détecter leurs proies et communiquer, une narine unique (appelée évent) et, bien entendu… une mandibule garnie de dents.

Les cétacés à dents n'ont qu'un seul évent sur le sommet de la tête. Cet orifice est commandé volontairement, et le cachalot l'ouvre pour remplir ses poumons avant de plonger.

Terribles chasseurs

Leur mode de vie est essentiellement basé sur la chasse. Prédateurs ultraperfectionnés, ils ont développé un système d'écholocation, le sonar, qui leur permet de repérer leurs proies à des kilomètres. Pour mieux les surprendre, ces chasseurs, organisés et intelligents, utilisent des stratégies d'une efficacité redoutable. Et chaque espèce possède ses propres techniques, comme l'orque qui chasse en meute ou le cachalot qui, dans les abysses, traque le calmar géant à l'affût.

Comme les autres cétacés à dents, les globicéphales vivent en clans soudés et nagent en formation serrée, les adultes encerclant toujours les petits lorsqu'un danger est proche.

Un sonar… pour tout voir

Même dans le noir des profondeurs ou dans l'eau trouble, les cétacés à dents perçoivent avec précision les moindres détails de leur environnement. Leur système de détection est basé sur l'écholocation : ils émettent des ultrasons qui rebondissent sur les obstacles et les proies rencontrés et reviennent en écho jusqu'à leur cerveau en une image holographique.

C'est le même principe que le sonar des sous-marins, en bien plus performant ! Ils peuvent identifier leur cible, apprécier la distance précise à laquelle elle se trouve, sa vitesse et même sa consistance.

Les cerveaux de la mer

Vifs, organisés et dotés d'un langage, les cétacés à dents possèdent des capacités mentales plus élevées que la plupart des autres animaux. Face à une situation nouvelle, ils sont capables de s'adapter. Depuis plus de 40 ans, des chercheurs travaillent sur leurs formidables capacités à apprendre, à mémoriser et à résoudre des problèmes très compliqués.

Tous ensemble !

C'est pour mieux s'entraider, se nourrir et se protéger, que les cétacés à dents évoluent parfois en troupes de plusieurs centaines d'individus. Ils sont rassemblés en clans à la hiérarchie très structurée.
Certains groupes obéissent à un schéma matriarcal (la femelle la plus âgée joue le rôle de chef) comme les dauphins ; d'autres vivent sur le mode du harem (un pacha pour plusieurs femelles) comme les cachalots à la saison des amours.

Un sourire de tueur

La forme particulière de sa mandibule (on ne parle généralement pas de mâchoire chez les cétacés) donne au dauphin ce sourire craquant. Mais son rostre effilé peut aussi se transformer en arme. Il s'en sert comme d'un bélier contre ses agresseurs, généralement des requins, provoquant dans les flancs des lésions internes mortelles.

Mystérieuses conversations

Les cétacés à dents émettent des sons, en comprimant l'air dans leurs poumons et en les modulant à travers leur larynx. Sifflements, grincements et claquements composent leur langage et leur servent à communiquer entre eux. Dans l'eau, le son se propage 5 fois plus vite que dans l'air : ils s'entendent de loin !
Comme chez les hommes, chaque individu possède un timbre particulier, chaque groupe, un accent et chaque espèce, son propre dialecte. Seul le rôle de certains types de vocalisations a été identifié. Par exemple, des rafales de sons pulsés indiquent un danger : c'est une sorte de SOS.

Chasseur tout-terrain

L'orque possède différentes tactiques, adaptées au terrain de chasse. Seul ou en groupe, il est redoutable pour ses proies. Il lui arrive même de venir s'échouer sur les plages pour dévorer phoques, otaries ou manchots.

Danger : pollution chimique

Les déchets industriels et les écoulements radioactifs sont une menace qui pèse probablement plus sur l'avenir de certaines espèces de cétacés que la chasse, les filets dérivants ou les captures. Ils diminuent les facultés de résistance des animaux, entraînant des échouages suspects, des épidémies anormales et une stérilité alarmante.

Une vie de dauphin

Les dauphins passent leurs journées à chasser, jouer, s'aimer et discuter avec leurs semblables. Dans l'espace sans limites de leur royaume sauvage, ils peuvent aussi nager plus de 100 kilomètres par jour. Privés de leur clan et de liberté, ils sombrent dans la mélancolie.

Invitation à l'amour

À la saison des amours, le mâle est prêt à tout pour séduire la femelle. Pour prouver sa puissance, il exécute des figures acrobatiques aquatiques et aériennes. Si la femelle est conquise, le couple se lance dans des courses-poursuites, des bonds synchronisés qui préludent à des étreintes brèves, mais répétées. Après l'accouplement, les amants se séparent : la femelle peut faire honneur aux avances de plusieurs mâles, et le mâle ne se prive pas de séduire d'autres belles.

Les dauphins sont très sensuels. Les amoureux se déclarent leur amour par des câlins, des caresses, de longs baisers mais aussi des murmures et des chants très doux.

Une naissance en douceur

Douze mois plus tard, la femelle donne naissance, sous l'eau, à son petit. Ses compagnes l'entourent pour la protéger des requins attirés par l'odeur du sang. Elles se comportent comme de véritables sages-femmes expérimentées.
Bébé voit le jour, la queue la première. Dès qu'il est expulsé, sa mère, parfois aidée d'une « marraine », le porte jusqu'à la surface pour qu'il respire sa première bouffée d'air. À peine né, il reçoit déjà des soins attentifs et l'affection de sa mère.
La première tétée se fait au bout de 24 heures. Grâce à la richesse du lait maternel, le petit va grandir à une vitesse prodigieuse et doubler son poids la première année.

Chez les petits, l'apprentissage de la vie consiste en grande partie à imiter, parfois bien maladroitement, les aînés.

Une éducation sérieuse

Le dauphin commence son apprentissage dès qu'il quitte le ventre maternel. Sa mère lui apprend à plonger, à utiliser son sonar. Elle lui indique les lieux où il peut se nourrir et les endroits dangereux à éviter. Elle lui enseigne aussi les différentes techniques de chasse et le langage de la troupe.
Tous les adultes du clan veillent aussi sur son éducation. Pour pouvoir affronter seul le vaste océan, le jeune dauphin suit un apprentissage d'une quinzaine d'années.

Les dauphins savent mettre les requins en fuite mais les plus faibles, souvent des jeunes, restent leur cible. Nombre de leurs cicatrices datent de cette époque de leur vie.

DES MORTS PAR NOYADE

Chaque année, des milliers de dauphins s'empêtrent et meurent asphyxiés dans les filets des pêcheurs. Ils ne détectent apparemment pas les minuscules filaments transparents des filets maillants ou dérivants.

Un dauphin isolé qui s'approche sans peur des hommes et cherche leur contact est parfois un ancien captif. Désorienté dans l'océan, coupé de sa famille et habitué à l'homme, il se raccroche à lui ! On l'appelle alors dauphin « ambassadeur ».

Destins divers

Certains dauphins finissent leur vie dans des zoos marins : d'après les dernières estimations, ils seraient moins de 2 000 à vivre en captivité. Ils peuvent aussi être enrôlés dans l'armée comme nageurs de combat pour coller des mines sur la coque des navires ennemis, surveiller des ports et, parfois même, tuer des plongeurs. D'autres deviennent des stars de cinéma. Mais, libre dans l'océan, un dauphin peut vivre jusqu'à 40 ans et couler des jours heureux parmi les siens. Les liens familiaux sont très forts et durent toute la vie.

Les orques sont les pires ennemis des dauphins. Pour tenter de leur échapper, ils nagent en file indienne en bondissant par-dessus les vagues afin de perturber leur sonar.

Les cétacés à fanons

On les distingue par la présence de fanons dans leur gueule, d'un double évent et, surtout, par leur démesure : la masse de certains dépassent plusieurs fois celle des dinosaures géants...
Baleines et rorquals sont les plus gros animaux que la Terre ait jamais portés !

Grâce aux graffitis noirs et blancs sur la face ventrale de leur queue, les baleines à bosse sont instantanément identifiées par les scientifiques.

Une carte d'identité sur la queue

Aucune queue de baleine ne ressemble à une autre ! On distingue les différentes espèces grâce à la forme et à la couleur de cet appendice. Celui de la baleine franche, aux deux lobes en forme de V, est d'un noir d'encre. Celui de la baleine grise, constellé de parasites, est gris ardoise. Après avoir déterminé l'espèce, on peut même identifier individuellement chaque animal d'un même groupe, en regardant sa queue : cicatrices, coupures, estafilades et motifs diffèrent pour tous, comme des empreintes digitales.

La dimension et la forme des fanons varient selon les espèces et les régimes alimentaires : 35 cm de long pour le rorqual à museau pointu, 50 cm pour cette baleine grise et jusqu'à 4,50 m pour la baleine franche.

Filtreurs de plancton

Tout au long de l'année, la majorité des espèces de baleines se nourrit de petits poissons qui vivent en bancs : harengs, maquereaux, anchois ou capelans. L'été, la plupart migrent vers les eaux froides pour se gaver de krill et reconstituer leurs réserves de graisse. Ces minuscules crustacés planctoniques, riches en protéines, forment des essaims de plusieurs centaines de kilomètres carrés ! Alors, quand les baleines se mettent à table, les banquets sont pantagruéliques. Dans l'Antarctique, elles consomment 50 millions de tonnes de krill par an !

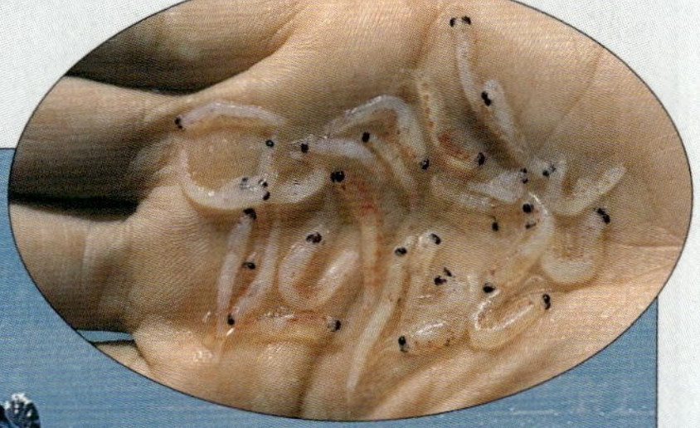

Pour s'offrir ces ventrées de krill, les baleines engouffrent jusqu'à 5 000 litres d'eau par bouchée ! Un exploit rendu possible en détendant les plis de leur cou.

Une épuisette formidable

Fixés sur le maxillaire supérieur, les fanons sont de longues lames cornées et effilochées qui filtrent les minuscules créatures dont la baleine se nourrit. Sa technique ? Elle enfourne une énorme quantité d'eau, referme la gueule, puis repousse l'eau avec sa langue. Les milliers de proies restent piégées dans les franges des fanons.

Des géants inoffensifs

L'océan a vraiment créé des animaux à sa mesure… Gigantesques ! Ces créatures défient l'imagination : 19 mètres pour la baleine à bosse, 25 mètres pour le rorqual commun… Mais la plus colossale d'entre toutes est la baleine bleue, grande de 30 mètres ! Sa taille dépasse celle d'un brontosaure (22 mètres). Pourtant, ces « monstres » de graisse et de muscles nagent avec grâce et sont tous pacifiques et amicaux.

La baleine semble avoir conscience de sa taille et de sa force : approchée par un plongeur, elle fait bien attention à ne jamais le heurter.

De puissants souffles

Quand les baleines remontent en surface, elles expirent par leur évent l'air vicié de leurs poumons ; on dit qu'elles « soufflent ». Ce jet les signale de loin. Il est composé de gaz pulmonaire (oxygène, azote, gaz carbonique) mêlé de vapeur d'eau et de microparticules du mucus graisseux qui tapisse les voies respiratoires. Sa hauteur, sa forme et son inclinaison varient selon les espèces et permettent de les identifier.

Comment fonctionne un évent

Inspiration
La baleine qui s'apprête à plonger prend une puissante inspiration en surface. Ses évents, comme pour tous les cétacés à fanons, sont constitués de 2 orifices qui ressemblent à de grosses narines.

Fermeture étanche
Comme un sous-marin ferme son écoutille, la baleine bloque ensuite ses évents par des clapets étanches pour ne pas laisser entrer d'eau dans ses poumons, puis elle plonge.

Expiration
Quand elle remonte de sa plongée, ses évents s'ouvrent et expulsent l'air vicié de ses poumons. Son souffle, cette colonne d'air humide, peut atteindre 5 m de haut, contenir 2 000 litres d'air et s'entendre à des kilomètres.

Une vie de baleine

La baleine mène une existence XXL ! Tout en elle est démesuré : ses démonstrations de tendresse, ses amours, ses acrobaties, son appétit et ses voyages à travers les océans. Mais le plus grand animal de la planète reste l'un des plus vulnérables…

En plus du champ magnétique, on pense que la baleine se dirige aussi grâce à des repères visuels, comme les étoiles ou les montagnes sous-marines. Et quand elle migre près des côtes, elle dresserait la tête hors de l'eau pour reconnaître son itinéraire.

Même s'il naît complètement formé, un baleineau est très vulnérable. Durant au moins une année, il ne quitte pas sa mère, toujours prête à le défendre et à l'encourager dans son apprentissage.

Des ébats mouvementés

Pour obtenir les faveurs d'une femelle, les mâles doivent combattre. Seul le plus fort aura le droit de s'accoupler. Les rivaux s'affrontent par des sauts, s'intimident par des chants de défis sexuels ou se chargent en se précipitant l'un vers l'autre avec force et fracas.
Le vainqueur poursuit sa belle dans les vagues, la caresse avec une nageoire et frotte son ventre contre le sien. L'accouplement est bref, de 5 à 30 secondes, mais les amoureux recommencent plusieurs fois de suite.

Rendez-vous amoureux

L'attachement qui unit le mâle et la femelle chez les baleines est parfois très fort. Il arrive qu'ils ne se quittent pas durant plusieurs années. Le couple se retrouve chaque hiver sur les lieux de ses amours.

D'amour et de lait crémeux

Dix à treize mois plus tard (selon les espèces), la mère cherche une baie peu profonde pour accoucher, hors de portée du sonar des orques. Le baleineau vient au monde la queue la première (comme pour les autres cétacés). Moins de 10 secondes après l'expulsion, il prend sa première bouffée d'air en surface ! Sa mère le nourrit de son lait riche et épais comme du lait concentré, mais aussi d'amour. Elle l'enveloppe dans ses nageoires, le câline. Elle s'occupe de lui et le protège jusqu'à ce qu'il puisse se débrouiller tout seul.

Lorsqu'on caresse un géant des mers, on sent frémir sa peau épaisse. Moment magique…

Amis ou ennemis ?

Curieuse, familière et joueuse, la baleine n'hésite pas à s'approcher des bateaux qu'elle croise. Des millions d'hommes sillonnent les mers pour l'apercevoir. Mais comment distinguer le bateau ami de celui qui apporte la mort ?
Car, si certaines espèces sont strictement protégées, d'autres sont toujours chassées par les Norvégiens et les Japonais pour des raisons « scientifiques », et ces pays réclament la réouverture à grande échelle de la chasse commerciale.

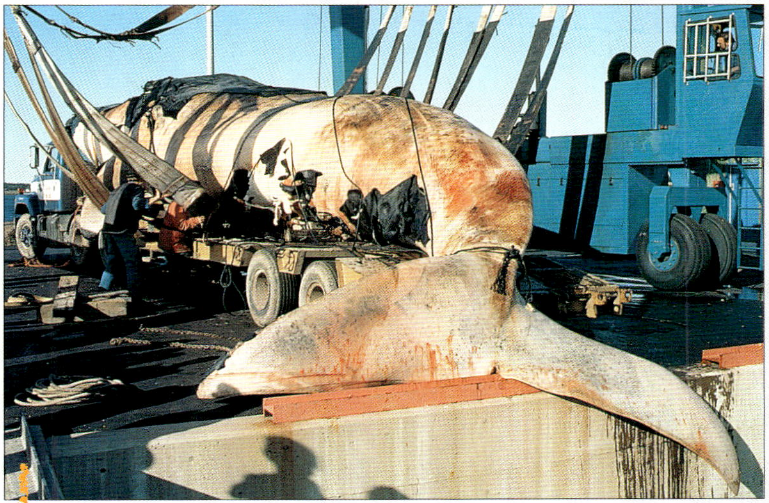

Ses ennemis sont peu nombreux : l'orque est le plus impitoyable mais le principal, c'est l'homme. Si elle échappe aux périls de l'océan, son espérance de vie est de 40 ans en moyenne.

En route pour l'aventure

Le baleineau apprend vite à nager. Bientôt, il va devoir suivre sa mère pour son premier grand voyage.
Les baleines passent un tiers de leur vie à migrer ! Afin de concilier les besoins de la reproduction et de la nutrition, elles se déplacent au printemps vers les eaux glacées des pôles où la nourriture abonde et reviennent dans les eaux chaudes en hiver pour mettre bas. Pour naviguer dans les océans, elles se servent de leur système acoustique et utilisent le champ magnétique terrestre.

Quand les baleines s'aiment, ça fait des vagues ! Les amoureux font des bonds spectaculaires avant de retomber sur la surface dans un jaillissement d'écume.

Reprise de la chasse

Les chasseurs de baleines gagnent du terrain. Après un arrêt de 14 ans, l'Islande a repris en 2003 la chasse à la baleine, au nom de la « science ». Déjà au bord de l'extinction, les baleines pourtant n'ont pas encore eu le temps de reconstituer leurs populations.

Les familles de baleines et dauphins

Les cétacés comptent 80 espèces, réparties en 2 sous-ordres et 14 familles. D'une grande diversité, ils sont de tailles et de formes variées. Ils vivent dans tous les océans de la planète, des eaux chaudes de l'équateur aux eaux froides des pôles, et même dans des fleuves.

Les cétacés à fanons (sous-ordre des mysticètes)

Il regroupe 4 familles rassemblant 11 espèces comptant parmi les plus grands animaux marins.

• **La famille des baleines franches (balénidés)**
3 espèces

Elles sont massives, dodues, ont une énorme tête et sont dépourvues de nageoire dorsale.

• **La famille des baleines pygmées (Néobalénidés)**

1 espèce

Le plus petit des cétacés à fanons a le rostre recourbé comme celui des baleines, mais il porte sur le dos une nageoire comme les rorquals.

• **La famille des baleines grises (Eschrichtiidés)**

1 espèce

Elle est un intermédiaire entre la baleine et le rorqual.

• **La famille des rorquals (Balénoptéridés)**

6 espèces

Ils se différencient des autres cétacés par leur morphologie en forme de fusée (photo ci-contre), la présence d'un aileron dorsal et de nombreux sillons situés au niveau de la gorge.

Les cétacés à dents (sous-ordre des odontocètes)

Il réunit 10 familles réparties dans 4 superfamilles qui comptent 69 espèces.

Pour chaque animal, tu trouveras une fiche d'identité avec les rubriques suivantes :

- Nom scientifique et autres noms
- Répartition géographique
- Habitat
- Longueur et poids (ces données peuvent varier selon le sexe, mais aussi la région dans laquelle vit l'espèce).
- Couleur de la livrée

La superfamille des cachalots (Physétéroïdes)

Cette superfamille se limite à 3 espèces très différentes, réparties en 2 familles. Leur point commun est de posséder dans la tête un organe empli d'une substance huileuse appelée spermaceti.

• **La famille des cachalots pygmées et nains (Kogiidés)**

2 espèces

Les membres de cette famille sont une sorte de miniature du grand cachalot.

• **La famille des grands cachalots (Physétéridés)**

1 espèce

Cette famille renferme le plus imposant des odontocètes (photo ci-dessus).

La superfamille des baleines à bec (Ziphioïdes)

Cette superfamille se réduit à une seule famille comprenant 20 espèces, mais d'autres restent sûrement à découvrir. Ces animaux, qui vivent au large dans des eaux très profondes, font partie des moins connus des cétacés.

• **La famille des Ziphiidés**

20 espèces

La denture des mâles caractérise les dauphins de cette famille. Ils portent 2 ou 4 dents sur la mâchoire inférieure et aucune sur la mâchoire supérieure. Quant aux femelles, la plupart n'ont aucune dent.

La classification du mégaptère

- **Règne :** animal
- **Embranchement :** vertébrés
- **Classe :** mammifères
- **Ordre :** cétacés
- **Sous-ordre :** mysticètes (cétacés à fanons)
- **Famille :** balénoptéridés
- **Genre :** *Megaptera*
- **Espèce :** *novaeangliae*
- **Nom usuel :** baleine à bosse (ou jubarte, mégaptère)

Sommaire

La superfamille des dauphins d'eau douce (platanistoïdes)

Cette superfamille comprend 5 espèces réparties en 4 familles. Tous ont en commun un long bec effilé et un sonar très performant qui compense leur vision limitée.

• La famille des dauphins de l'Amazone (iniidés)

1 espèce
C'est le plus grand des dauphins d'eau douce.

• La famille des dauphins de Chine (lipotidés)

1 espèce
Ce dauphin est aussi appelé dauphin du Yang-tseu-kiang, du nom du fleuve qu'il fréquente.

• La famille des platanistes (platanistidés)

2 espèces
Leur nageoire dorsale est remplacée par une bosse.

• La famille des dauphins de La Plata (pontoporiidés)

1 espèce
Son autre nom est franciscain. Ce dauphin pratique des incursions en eau douce mais vit de préférence en mer, dans les eaux côtières très peu profondes.

La superfamille des dauphins (Delphinoïdes)

Regroupant 3 familles, cette superfamille compte 41 espèces, très différentes les unes des autres : on y trouve les plus malins et les plus sociaux des cétacés.

• La famille des dauphins vrais (Delphinidés)

33 espèces

Une grande famille séparée en 6 sous-familles aux espèces très différentes les unes des autres sur le plan de l'habitat, de l'alimentation et de la morphologie.

° La sous-famille des Céphalorhynchinés

4 espèces

Ce sont des dauphins de petite taille et trapus. Le céphalorhynque d'Hector est l'un des plus petits cétacés. On le rencontre uniquement en Nouvelle-Zélande.

° La sous-famille des Delphininés

14 espèces

Cette sous-famille regroupe des dauphins à la silhouette élancée et au bec long et fin, comme le dauphin commun, mais aussi des dauphins au bec non démarqué de la tête, comme tous les lagénorhynques.

° La sous-famille des Globicéphalinés

7 espèces

Dauphins à la silhouette imposante et massive et au melon proéminent. C'est dans cette sous-famille qu'on trouve le plus grand et le plus largement répandu des delphinidés, l'orque.

° La sous-famille des Lissodelphinés

2 espèces

Ce groupe de dauphins dépourvus d'aileron dorsal préfère écumer le large.

° La sous-famille des Orcellinés

1 espèce

Ces dauphins de taille moyenne et à tête ronde possèdent un aileron dorsal minuscule.

° La sous-famille des Sténinés

5 espèces

Ces espèces vivent le long des côtes, ou fréquentent les estuaires et les fleuves.

• La famille des dauphins blancs (Monodontidés)

2 espèces

Les dauphins de cette petite famille (bélugas et narvals) ont une tête arrondie, peu de dents et pas d'aileron dorsal. Leur principal point commun est de posséder un cou très flexible, leurs vertèbres cervicales n'étant pas, comme chez la grande majorité des cétacés, toutes soudées les unes aux autres.

• La famille des marsouins (Phocoénidés)

6 espèces

Cette famille regroupe les plus petits cétacés. Ils se distinguent aussi de la plupart des dauphins par leur museau court, dépourvu de rostre.

Les baleines et les rorquals

Les 11 espèces de mysticètes sont toutes différentes. Certaines ressemblent à des semi-remorques, d'autres sont fuselées comme des avions. Mais, riches en huile et en fanons soyeux, toutes ont souffert d'une surexploitation de la chasse commerciale et frôlé l'extinction.

Vu du ciel, le rorqual bleu, le géant des mysticètes, ressemble davantage à un Boeing 747 immergé qu'à un mammifère.

Plantureuses ou élancées

Il existe une véritable distinction entre baleines et rorquals. Les premières sont trapues, grasses et lentes : de véritables « barriques » ! Elles ont une énorme tête et, comme les autres cétacés (à part le béluga), des vertèbres cervicales soudées.
Les rorquals, eux, sont effilés, souples et rapides. Ils portent des sillons, appelés sillons gulaires. Ces nombreux replis de la peau courent, chez tous les membres de cette famille, de la mâchoire inférieure à l'arrière des nageoires pectorales, et parfois même jusqu'au nombril.

Pour abriter leurs longs fanons, la tête des baleines franches mesure le tiers de la longueur du corps.

Chez les rorquals, les femelles sont souvent légèrement plus grandes que les mâles.

Si légères dans l'eau !

Malgré leur volume, les grandes baleines ne sont pas plus lourdes que l'eau. La faible densité de leur corps gigantesque est due à leur squelette constitué d'os spongieux, riches en huile, ainsi qu'aux graisses accumulées sous la peau et stockées dans le foie. Voilà pourquoi, comme des gouttes d'huile dans de l'eau, les baleines flottent !

La baleine à bosse (ou mégaptère) est un rorqual. Il diffère des autres par son aspect plus massif et ses longues nageoires pectorales.

La baleine franche du Groenland

Son menton blanc orné d'un « collier » de points noirs est, avec son immense crâne arqué, la marque de reconnaissance de l'espèce. C'est la seule baleine vivant exclusivement dans l'Arctique. Elle résiste au froid grâce à sa couche de lard de 70 cm d'épaisseur. Et elle peut se ménager des trous de respiration en brisant une glace épaisse de plus de 30 cm.

Par rapport à sa longueur, elle est la plus lourde de toutes les grandes baleines. Sa bouche, longue de 6 m et large de 3, contient entre 500 et 700 fanons longs de 4,50 m qui pèsent en tout 2,5 t !

- *Balaena mysticetus*, aussi appelée baleine franche boréale ou baleine franche arctique
- Eaux arctiques (du Spitzberg au Groenland oriental, du détroit de Davis à la baie d'Hudson, détroit de Béring)
- En bordure de la banquise
- 15 à 20 m ; 60 à 100 t
- Bleu-noir, bleu-gris avec une tache blanche et des points noirs sous le menton

La baleine franche australe

Cette baleine à la peau noir d'encre est énorme ! Langoureuse, elle se laisse facilement approcher. Les baleiniers l'ont appelée « franche » parce qu'elle venait en toute confiance vers eux. Mais des siècles de chasse ont amené cette espèce amicale au bord de l'extinction. Quand elle se nourrit (presque exclusivement de copépodes, de minuscules crustacés planctoniques), elle nage passivement, son immense bouche béante engloutissant des tonnes d'eau.

- *Eubalaena australis*, aussi appelée baleine franche noire
- Hémisphère Sud, pointe de l'Amérique du Sud, Afrique du Sud, sud de l'Australie et Nouvelle-Zélande
- Littoral, parfois la haute mer
- 11 à 18 m ; 30 à 80 t
- Noire (parfois mouchetée de brun, de gris ou de bleu) ; taches blanches irrégulières sur le ventre

Elle migre durant l'hiver austral dans les eaux de la péninsule de Valdés en Patagonie (site privilégié des observateurs) où elle met bas son veau conçu l'année précédente, au même endroit. Une vraie complicité s'installe entre eux pour de longs mois.

On la reconnaît aux grosses callosités qui ornent sa tête. Les callosités sont des zones de peau plus dure où les crustacés et les parasites prolifèrent. La plus grosse sur l'extrémité du rostre est appelée « bonnet ».

Juste avant de plonger, la baleine franche australe déploie dans les airs sa gigantesque nageoire caudale, de 6 m d'envergure.

La baleine grise

Grâce à sa migration – la plus longue chez les mammifères : 10 000 km de l'Alaska à la Basse-Californie –, elle est la plus célèbre et la plus observée des baleines. C'est la seule à se nourrir au fond de la mer : dans les zones côtières, elle roule sur le flanc droit et laboure le sédiment pour en filtrer coquillages et crustacés. Débordante de vitalité, c'est aussi une super-acrobate.

À sa naissance, le baleineau mesure plus de 4 m et pèse près de 1 t. Lui et sa mère sont si proches que parfois leurs formes se confondent.

Eschrichtius robustus, aussi appelée baleine de Californie ou baleine à six bosses

De l'Alaska à la Basse-Californie (Mexique)

Eaux côtières

12 à 14 m ; 15 à 35 t

Gris ardoise moucheté de blanc ou d'ocre

Comme un rocher vivant

C'est la plus infestée des baleines ! Son corps et son mufle sont incrustés de balanes, des crustacés qui vivent accrochés à sa peau et se nourrissent en filtrant la vase qu'elle remue. Mais elle a aussi des « poux » de baleines, véritables parasites qui mesurent jusqu'à 2,5 cm. 450 kg de parasites en tout genre peuvent coloniser un seul individu.

Elle peut plonger jusqu'à 120 m, mais elle préfère les eaux peu profondes comme celles des lagunes remplies de sédiments et de plancton en suspension.

Les baleiniers la surnommaient « poisson du diable » car elle protégeait férocement son petit en attaquant leurs bateaux. Aujourd'hui, les rencontres sont plus douces et peuvent durer des heures.

La baleine bleue

C'est le plus grand organisme vivant de la planète ! Rien que son cœur fait la taille d'une petite auto. Son mugissement, plus bruyant qu'un avion à réaction, est la plus grande manifestation sonore du monde vivant : jusqu'à 190 décibels ! Souvent solitaire, ce rorqual reste ainsi en contact avec ses congénères d'un bout à l'autre des mers.

- *Balaenoptera musculus*, aussi appelée rorqual bleu ou rorqual de Sibbald
- Dans tous les océans
- Surtout dans les eaux froides et au grand large
- 24 à 27 m ; 100 à 120 t. Le plus gros spécimen trouvé mesurait 33 m pour 190 t.
- Gris-bleu parsemé de taches grises ou blanches

Sa grande taille lui permet de parcourir de vastes territoires océaniques. Et quand elle émerge pour respirer, son souffle puissant, tel un geyser, monte à la verticale à 12 m de haut.

LE GÉANT DES GÉANTS !

Longue comme 4 autobus, elle pèse le poids de 4 brontosaures. Son squelette pèse déjà 20 t et son lard, 25 t. Sa gueule, assez large pour y garer 3 camionnettes, renferme une langue de 2 t. Quant à son nouveau-né, le plus gros bébé du monde, il mesure 7,50 m pour 8 t, soit quand même 2 éléphants !

Son immense corps fuselé possède de nombreux sillons allant de la lèvre jusqu'au nombril. Quand il mange, le rorqual bleu ouvre une gueule démesurée : jusqu'à 55 t d'eau remplie de krill s'y engouffrent.

Le rorqual commun

C'est le deuxième plus grand animal du monde. Plus social que les autres rorquals, il se rencontre parfois en petits groupes. On l'identifie à la pigmentation asymétrique de sa tête : sur le côté droit, la lèvre inférieure et les fanons sont blancs, le côté gauche est gris. Est-ce lié à une stratégie d'approche furtive de ses proies ou à un rôle de communication entre individus ? Le mystère reste entier !

- *Balaenoptera physalus*, aussi appelé physale
- Tous les océans, mais surtout dans l'hémisphère Sud et les eaux tempérées
- Haute mer et parfois près du littoral si les eaux sont profondes
- 18 à 27 m selon les populations ; 30 à 80 t
- Gris argent ou gris foncé ; ventre blanc

Son long corps est effilé et assez étroit. Quand il nage juste sous la surface, la partie blanche de sa tête est bien visible.

Le rorqual à museau pointu

C'est, de loin, le plus petit et le plus abondant des rorquals. Mais il est difficile à observer car il est très rapide et peut nager jusqu'à 30 km/h, plus vite que les baleines bleues ! Certains curieux viennent examiner les bateaux, leur museau très pointu émergeant en premier. Son souffle a, paraît-il, l'odeur du brocoli… Les jolies bandes blanches sur les nageoires pectorales dessinent des brassards qui sont caractéristiques de l'espèce.

Comme tous les rorquals (sauf le rorqual de Bryde), il porte une crête saillante des évents jusqu'à la pointe du museau.

- *Balaenoptera acutorostrata*, aussi appelé petit rorqual, rorqual de Minke ou rorqual à rostre
- Tous les océans
- Eaux côtières et parfois le large
- 7 à 10 m ; 5 à 10 t
- Noir, gris ou brun foncé ; ventre blanc ; bandes blanches sur les nageoires

Gracieux et profilé, ce poids plume de la famille des rorquals est actuellement chassé en masse par la Norvège et le Japon.

Le rorqual de Bryde

En surface, il se reconnaît aux trois crêtes longitudinales parallèles qu'il porte sur le dessus de sa tête fuselée (les autres rorquals n'en ont qu'une). Il habite seulement les eaux tropicales et tempérées et s'approche souvent des côtes pour chasser. Il lui arrive de sauter entièrement hors de l'eau, quasiment à la verticale, et ce plusieurs dizaines de fois d'affilée. Ce comportement est très insolite pour un rorqual.

Très souple quand il nage, il peut changer brusquement de direction lorsqu'il poursuit les harengs ou les sardines. Sa nage ressemble plus à celle d'un dauphin que d'une baleine.

- *Balaenoptera edeni*, aussi appelé rorqual tropical ou rorqual d'Eden
- Eaux tropicales, subtropicales, et parfois tempérées chaudes du monde entier
- Littoral et haute mer
- 11,50 à 14,60 m ; 12 à 30 t
- Gris foncé aux reflets dorés ; ventre gris pâle

Le rorqual de Rudolphi

Ce grand rorqual, pourtant lourd comme un diplodocus, est mince et effilé. Il est le plus rapide des grands cétacés. Il atteint des vitesses supérieures à 38 km/h !
Il est difficile à observer, c'est le moins connu de la famille. Généralement, il se déplace en petits groupes de 2 à 5 individus, mais on en aperçoit jusqu'à 100 sur les aires de nourrissage.

Balaenoptera borealis, aussi appelé rorqual boréal, rorqual du Nord ou rorqual de Sei

Des eaux tropicales jusqu'à l'Antarctique et l'océan Arctique (préférence pour les eaux tempérées profondes)

Eaux côtières, estuaires, baies, criques, autour des îles et au large

12 à 16 m ; 20 à 30 t

Gris foncé ; menton, gorge et ventre blancs

Ce rorqual aux toutes petites nageoires pectorales possède une silhouette parfaitement hydrodynamique.

La baleine à bosse

Voici la plus étrange et la plus sympathique des grandes baleines. Plus trapue que les autres rorquals, elle est aussi plus agile. On la reconnaît aux sillons bien visibles de sa gorge, à sa tête constellée de protubérances, à sa nageoire caudale crénelée et à ses immenses nageoires pectorales (*Megaptera* signifiant « grandes ailes »).
Elle doit sa renommée à ses acrobaties : chandelle queue en l'air, roulade et saut. Ce dernier reste l'un des plus beaux spectacles qu'offre le monde animal !

Elle ne doit pas son nom aux tubercules qui ornent son museau, mais à la forme caractéristique que prend son dos lorsqu'elle s'arque pour sonder (plonger), une courbure accentuée par son aileron dorsal.

- *Megaptera novaeangliae*, aussi appelée rorqual à bosse, mégaptère ou jubarte
- Tous les océans, des pôles aux tropiques
- Pleine mer et eaux côtières
- 11,50 à 19 m ; 25 à 40 t
- Bleu nuit, noire ou gris foncé ; ventre noir ou blanc ou partiellement blanc ; nageoires pectorales blanches (avec des taches noires parfois) ; pigmentation blanche plus étendue chez les individus de l'hémisphère Sud

Lors des migrations, le baleineau, pour économiser ses forces, se positionne au-dessus de sa mère dont il profite du sillage.

La baleine à bosse, ténor des océans

C'est la plus bavarde des baleines : craquements, gargouillis, gémissements et autres sons ressemblant aux barrissements des éléphants lui servent de langage. Mais à la saison des amours, seuls les mâles entonnent d'incroyables mélodies. Leurs chants, qui s'entendent jusqu'à 300 km, sont les plus longs et les plus complexes du monde animal.

Quand il chante, le mâle incline son corps à environ 45°, tête en bas, et reste immobile. Seuls ses longs bras battent la mesure en s'abaissant et se levant en rythme. On dirait un chef d'orchestre.

Le filet de bulles

L'une des plus étonnantes méthodes de pêche des baleines à bosse est le « filet de bulles » : elles plongent à 20 m de profondeur sous un banc de poissons ou de krill, puis remontent en spirale en soufflant de l'air par les évents, coinçant les petites proies dans un cercle de bulles. En arrivant en surface, gueule béante, elles filtrent l'eau pour ne garder que la bouchée comestible.

Malgré son poids énorme, la baleine à bosse décolle de toute sa longueur, défiant la résistance de l'eau et de l'air.

Quand elle plonge, elle dresse haut dans l'air sa queue d'une envergure de 4 m. On aperçoit alors les taches noires et blanches sous le dessous de sa queue.

Les cachalots

Ces trois espèces de cétacés à dents hantent les profondeurs pour y chasser les calmars, leur nourriture de base.
Ces cachalots ont en commun : l'organe du spermaceti, l'absence de dents à la mâchoire supérieure et leur évent unique, en forme de S, déporté sur la gauche.

On pense que l'organe du spermaceti sert peut-être aussi au cachalot à focaliser ou à amplifier les clicks de son sonar.

La grosse tête !

La tête carrée des cachalots renferme un réservoir de spermaceti, une substance huileuse qui se solidifie au froid et se liquéfie à la chaleur. Celui du grand cachalot est énorme : traversé par deux sinus, il peut contenir jusqu'à 4 tonnes d'huile !
Pour plonger, l'animal inspire de l'eau froide, qui refroidit l'huile et l'alourdit, entraînant le cachalot vers le fond. Puis, il fait passer dans ses sinus l'air chaud de ses poumons. L'huile réchauffée devient liquide, augmente de volume : il remonte ainsi sans effort.

Le grand cachalot est le seul cétacé à s'aventurer dans les abysses pour traquer le calmar géant. Le combat est titanesque comme le prouvent les cicatrices autour de sa gueule et sur son corps.

Roi des profondeurs

Les cachalots sont tous bons plongeurs. Mais le grand cachalot est un champion ! Juste avant de plonger, il prend une dernière inspiration, arque le dos et dresse sa caudale bien haut, à la verticale. Tête la première, il coule à pic, à plus de 120 mètres/minute. Il descend généralement jusqu'à 500-1 000 mètres, mais son record s'établit à 3 200 mètres. Quand il refait surface, la détonation de son souffle s'entend à 10 kilomètres.

Les vieux mâles sont ceux qui sondent (c'est le terme employé pour parler de « plongée » de cétacés) le plus profondément et le plus longtemps, parfois plus de 2 heures.

Le cachalot pygmée

L'animal, qui vit en pleine mer, est discret. On le surprend parfois au repos, flottant immobile à la surface comme une souche. S'il est surpris, il copie la seiche qui se camoufle derrière son encre, et lâche un liquide intestinal brun. Il plonge alors se cacher derrière ce nuage. Avec sa mandibule en retrait, ses dents très pointues et ses fausses fentes branchiales dessinées derrière l'œil, il ressemble à un requin.

Son apparence, évoquant étrangement celle du requin, est sans doute une adaptation de l'évolution permettant à ce petit cétacé d'effrayer et d'éloigner d'éventuels prédateurs.

- *Kogia breviceps*, aussi appelé petit cachalot
- Eaux tropicales et tempérées
- Eaux profondes en haute mer
- 2,70 à 3,40 m ; 300 à 400 kg
- Gris foncé à gris-bleu ; ventre gris clair, légèrement rosé parfois ; tache blanche devant l'œil

Le cachalot nain

Ce modèle réduit de cachalot pygmée vit loin des côtes, comme son cousin. Bien que sa nage soit lente, il peut être confondu en mer avec le grand dauphin. Mais échoué sur une plage, avec son museau légèrement pointu qui recouvre sa mandibule aux longues dents crochues et ses fausses fentes branchiales couleur crème dessinées derrière chaque œil (qui ne sont qu'une pigmentation plus claire de la peau), il ressemble, lui aussi, davantage à un requin.

- *Kogia simus*
- Eaux profondes tempérées et tropicales (très fréquent au sud de l'Afrique et dans le golfe de Californie)
- Parfois près des côtes mais surtout au large
- 2,10 à 2,70 m ; 135 à 275 kg
- Gris-bleu ou gris-noir ; ventre plus clair ; flancs rosés

Le cachalot nain adore se prélasser à la surface. Une partie de sa tête et sa nageoire dorsale émergent, tandis que sa queue pend.

Lorsqu'il saute hors de l'eau, il bondit à la verticale avant de retomber à plat ventre.

Le grand cachalot

Ce géant se reconnaît à son énorme caboche qui renferme le plus gros cerveau de la création. Mais aussi à la bosse qui remplace la nageoire dorsale, à la crête dentelée qui court de la bosse à la queue et à sa peau ridée comme un pruneau. En plus, à cause de son évent biscornu, son souffle est oblique.

- *Physeter macrocephalus* ou *Physeter catodon*, aussi appelé physétère, cachalot, grand souffleur ou baleine trompette
- Tous les océans du monde
- Pleine mer, près des fosses abyssales ou près des côtes si les fonds dépassent 200 m
- 11 à 20 m ; 20 à 50 t. Le dimorphisme sexuel est très prononcé : les mâles sont bien plus grands que les femelles.
- Marron foncé ou gris sombre (blanc chez de rares individus) ; zone blanche sous la mandibule s'étirant jusqu'au ventre

Un chasseur efficace

Comme le tigre, le cachalot suit son couloir de chasse, le long d'une faille abyssale, toujours la même. Gueule entrouverte, la zone blanche de ses mâchoires s'illumine au contact des micro-organismes bioluminescents qui percutent ses dents. Attirés par la lueur, les petits calmars se ruent… pour finir dans sa gueule. Il en engloutit plus d'une tonne par jour !

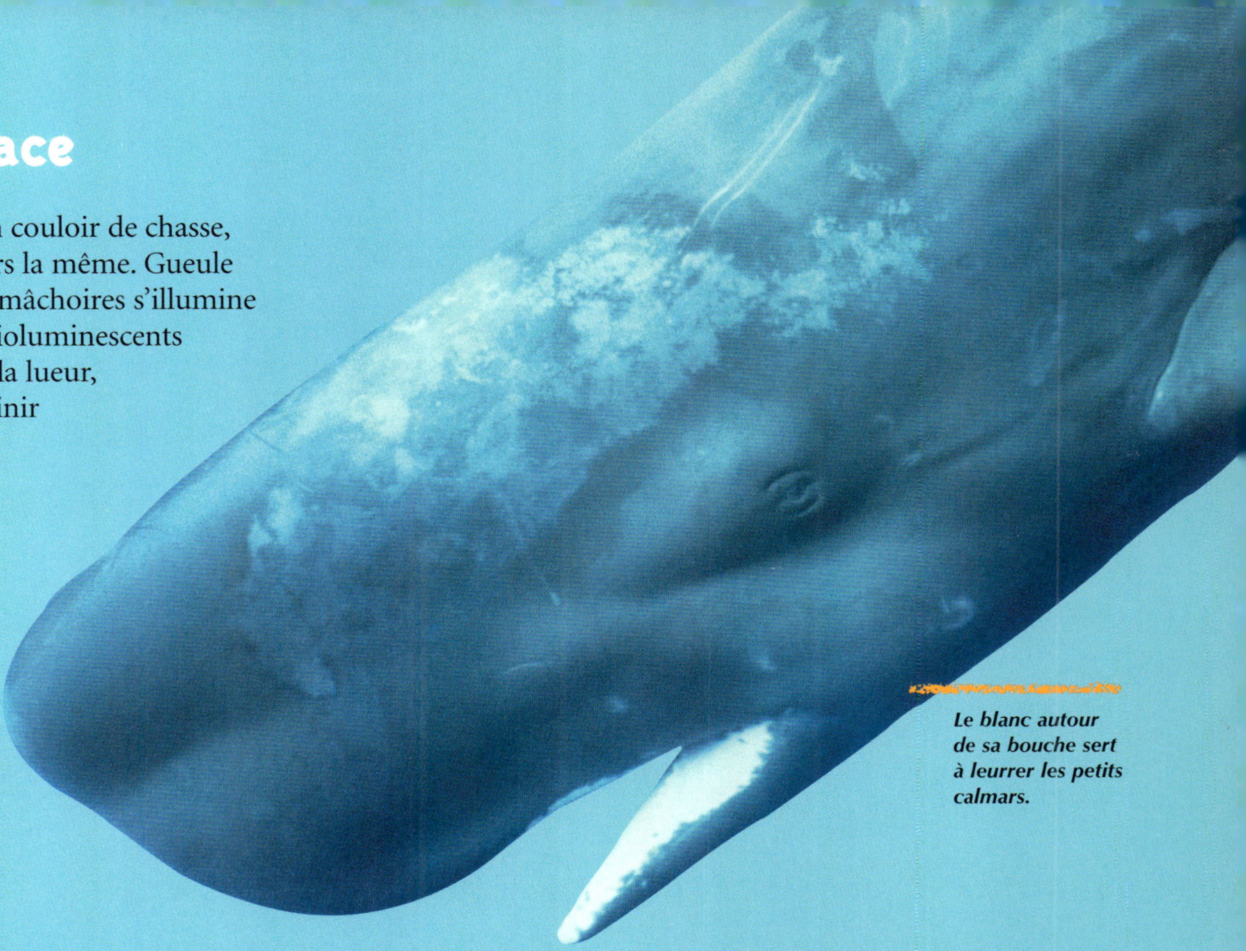

Le blanc autour de sa bouche sert à leurrer les petits calmars.

Les cachalots expriment leur tendresse en se frôlant, en se caressant de toute la longueur du corps. Ils se mordillent avec délicatesse. Les liens qui unissent une troupe sont très forts.

Comme les baleines, il saute parfois complètement hors de l'eau.

Les baleines à bec

Ces cétacés à dents, qui habitent dans les eaux profondes, loin des côtes, sont les moins connus de tous. Les cétologues pensent même que certaines espèces, non encore répertoriées, continuent de se cacher dans les profondeurs océaniques.

Des mâchoires édentées

Le caractère principal des baleines à bec, c'est leurs dents. La plupart des mâles n'en portent que 2 ou 4 sur la mâchoire inférieure et aucune sur la mâchoire supérieure. Des dents rares mais parfois hautes de 20 centimètres et plus ! Quant aux femelles, elles n'en ont pas (sauf la baleine de Gray et le tasmacète de Shepherd).
Si ces espèces ont survécu malgré leur faible dentition, c'est qu'elles se nourrissent principalement de céphalopodes (calmars, seiches, poulpes), qui se dégustent très bien comme cela !

Leur corps est couvert de balafres, traces probables de corps à corps entre congénères.

Des animaux énigmatiques

Comme elles passent très peu de temps en surface, les baleines à bec sont rarement identifiées dans leur milieu naturel. Les connaissances actuelles reposent surtout sur des découvertes faites sur des animaux échoués et, pour certaines espèces, aucun spécimen n'a jamais été observé vivant !
Leurs principaux points communs sont leur denture spécifique, les deux sillons en V qu'elles portent sur la poitrine, l'aileron placé sur le tiers postérieur du dos ainsi qu'une peau couverte de cicatrices.

Des têtes surprenantes

Les baleines à bec, qui composent la famille des ziphiidés, ont aussi en commun un rostre pointu, d'où leur nom de genre *Ziphius* créé à partir du mot grec *xiphos* qui signifie « épée ». Il faut dire que leur crâne est très impressionnant.
Quant à leurs dents, selon leur place sur la mâchoire et leur forme, elles permettent de distinguer les espèces.

Lors de brèves rencontres en mer, il est difficile d'identifier les différentes espèces de baleines à bec. L'hyperoodon se reconnaît plus facilement à sa grande taille et à son énorme front bulbeux.

Le mésoplodon de Blainville

C'est sûrement la plus étrange des baleines à bec. Quelle tête ! Un front aplati avec deux énormes dents, hautes de 20 centimètres, qui poussent sur d'épais renflements osseux de la mâchoire inférieure comme une paire de cornes. Les dents, bien souvent incrustées de balanes (petits crustacés parasites), ressemblent à deux gros pompons posés sur le sommet de sa tête. Malgré sa discrétion, il est donc facilement identifiable en mer.

Ces taches sur son corps sont les cicatrices de morsures du squalelet féroce, un petit requin qui découpe des cercles de chair avec ses dents tranchantes.

Mesoplodon densirostris, aussi appelé baleine à bec tropicale

Dans les eaux tièdes et chaudes de tous les océans, mais forte concentration le long de la côte atlantique des États-Unis et au large d'Hawaï.

Pleine mer

4,60 à 5 m ; 1 à 3,6 t

Noir ou gris sombre, tacheté de gris pâle ; ventre blanc

Le mésoplodon de Sowerby

Ce fut la première baleine à bec à être découverte, en Écosse, en 1800. Plus profilé que la plupart des autres membres de la famille, ce mésoplodon possède (le mâle uniquement), à mi-chemin du bec, deux dents en triangle, visibles la bouche fermée.
Il se nourrit essentiellement de céphalopodes et de poissons de fond, partageant, peut-être, son terrain de chasse avec les trois espèces de cachalots.

Mesoplodon bidens, aussi appelé baleine à bec de la mer du Nord

Eaux tempérées et froides de l'Atlantique Nord

Pleine mer

4,20 à 5,60 m (jusqu'à 7 m) ; 1,3 à 3 t

Gris sombre avec des taches plus pâles sur le dos ; ventre blanc

Cette espèce est très rare et particulièrement furtive. Elle ne passe en général pas plus d'une minute à la surface… Juste le temps de respirer, mais malheureusement pas assez pour être photographiée.

L'hyperoodon arctique

Le trait le plus caractéristique de cette impressionnante baleine à bec est son énorme front (qui augmente avec l'âge) prolongé d'un bec de dauphin. Chez les vieux mâles, deux dents saillantes sortent de la mâchoire inférieure. Il est très démonstratif en surface : il « espionne » ou frappe l'eau avec la queue. Mais, s'il est effrayé, ce champion de plongée peut descendre à – 2 000 mètres et rester jusqu'à 2 heures en apnée.

- *Hyperoodon ampullatus,* aussi appelé hyperoodon de l'Atlantique Nord
- Nord de l'océan Atlantique
- Eaux profondes de plus de 1 000 m
- 7 à 10 m ; 3 à 8 t
- Gris ou brun foncé, s'éclaircissant avec l'âge ; ventre gris ou brun clair ; melon et bec parfois blancs

Si la plupart des baleines à bec gardent leurs distances avec l'homme, l'hyperoodon, lui, est très curieux.

Cette grande baleine à bec, au corps robuste, est capable de bondir hors de l'eau.

Le mésoplodon de Hubbs

Discret comme les autres mésoplodons, il est cependant plus facile à identifier grâce à cette drôle de calotte blanche qu'il porte sur le dessus du crâne, à son bec épais, en général blanc, et à sa mâchoire inférieure fortement incurvée d'où émergent deux énormes dents. Quant à ses mœurs, elles restent, encore aujourd'hui, un mystère.

La rareté de ce mésoplodon explique la difficulté à le photographier dans son milieu naturel. De longues balafres strient son corps : elles sont une caractéristique de l'espèce et font penser que les mâles sont probablement très agressifs entre eux.

Mesoplodon carlhubbsi, aussi appelé baleine de Carlhubbsi

Eaux froides tempérées du Pacifique Nord oriental et occidental

Pleine mer

5,30 m ; 1 à 1,5 t

Noir ou gris foncé avec de petites taches plus claires sur le corps ; bec et dessus de la tête blancs

Le mésoplodon de Gray

C'est la baleine à bec que l'on observe le plus en surface. Chez les mâles et parfois aussi chez les femelles, deux grosses dents dépassent du long bec blanc et fin, suivies d'une rangée de petites dents encastrées dans la gencive et non dans l'os de la mâchoire. Mais il est rare de les voir sorties. L'espèce semble très sociale. On rencontre des mésoplodons de Gray seuls, en couple ou en groupe.

Cette espèce est aussi très connue d'après les renseignements tirés des échouages en Nouvelle-Zélande, mais aussi en Afrique du Sud et en Australie.

Mesoplodon grayi, aussi appelé baleine à bec de Nouvelle-Zélande

Eaux froides et tempérées de l'hémisphère Sud

Pleine mer

4,50 à 5,60 m ; 1 à 1,5 t

Dos noir ou gris foncé aux reflets bleus ou verts avec des zébrures et des taches pâles, ventre clair

Le ziphius de Cuvier

C'est sûrement la baleine à bec la plus abondante et la plus largement répandue. Elle écume toutes les mers, sauf les plus froides. Mais si elle est connue scientifiquement, c'est surtout d'après des échouages. Sa silhouette est caractéristique : une petite tête en bec d'oie, d'où émergent deux petites dents, sur un long corps robuste labouré d'entailles.

Ziphius cavirostris, aussi appelé baleine à bec d'oie

Eaux chaudes et tempérées de tous les océans du monde ; relativement commun en Méditerranée et en mer du Japon

Au large et dans les eaux côtières profondes

6 à 7 m ; 3 à 4,5 t

Noir violacé, gris-bleu, marron, crème ou blanc ; ventre clair avec des taches blanches sur les flancs

La palette de couleurs des ziphius est si étendue, et les cicatrices sur leur corps si nombreuses, qu'il n'existe pas 2 individus semblables. En outre, leur livrée tout entière se décolore avec l'âge.

Les dauphins

Cette superfamille compte 41 espèces de dauphins. Elles ont colonisé tous les océans de la planète, de l'équateur à la limite des glaces, et se sont répandues dans des habitats différents, depuis les eaux douces jusqu'aux grands fonds marins.

L'orque est le plus grand des dauphins et le plus largement répandu. C'est le seul animal marin présent dans tous les océans. Sur terre, la seule espèce qui réussit ce tour de force est l'homme.

Les dauphins sont des animaux sociaux : certains se déplacent en troupeaux de plusieurs milliers d'individus ! Et ils sont, pour la plupart, très actifs à la surface.

Une étonnante diversité

Tous les dauphins possèdent une silhouette hydrodynamique : ce sont de véritables torpilles vivantes. Mais ils ne se ressemblent pas forcément ! L'orque a une immense nageoire dorsale tandis que le lissodelphis en est dépourvu. Le stenella a un bec allongé, le marsouin n'en a pas. Certains, comme le globicéphale, ont un front globuleux ; d'autres, comme le céphalorhynque, l'ont complètement plat.
Cette superfamille, regroupant les espèces les plus diverses, rassemble les plus beaux cétacés.

Un avenir menacé

Les dauphins sont encore chassés : au Japon, 20 000 dauphins bleu et blanc sont tués chaque année. Mais la pêche industrielle cause encore plus de dégâts : ceux qui nagent avec les poissons convoités par l'homme sont piégés dans les filets de pêche. La population des dauphins à long bec a ainsi chuté de 80 % en quelques années ! Les pollutions agricoles, domestiques et industrielles touchent aussi durement les cétacés à dents : au Canada, les bélugas sont si contaminés que les cadavres échoués sont traités comme des déchets toxiques.

La peau des dauphins offre une grande variété de couleurs et de motifs. Dans sa livrée camouflage, le béluga est difficile à repérer au milieu des glaces flottantes.

Chez les dauphins, le saut est un langage à part entière. Comme par exemple pour le tursiops, ils bondissent par jeu mais aussi pour réclamer l'attention du groupe, prévenir d'un danger ou affirmer leur domination.

Le dauphin clymène

Ce petit dauphin porte un nom de la mythologie grecque : Clyméné était la fille de Téthys, déesse de la fécondité des eaux. Il est très mystérieux : on ignore presque tout de l'existence qu'il mène.
Quelques rares observateurs ont pu l'apercevoir furtivement au large. Sa nage est rapide et ses plongées, en quête de calmars et de poissons-lanternes, sont profondes et principalement nocturnes.

- *Stenella clymene*, aussi appelé dauphin du Sénégal ou dauphin à casque
- Eaux tropicales, subtropicales et parfois tempérées chaudes de l'océan Atlantique
- Pleine mer
- 1,70 à 2 m ; entre 50 et 90 kg
- Dessus noir ou gris foncé ; bande grise le long des flancs ; dessous blanc

On l'appelle aussi « dauphin à casque » à cause de la calotte noire qui lui couvre le crâne.

Le tucuxi

Le nom de ce tout petit cétacé se prononce « toukouchi ». Il fréquente les eaux côtières peu profondes et les eaux douces : à la saison des pluies, il s'enfonce dans la forêt inondée.
Avec sa tête ronde, son bec d'oie, sa bouche souriante et ses dents coniques, il ressemble beaucoup à un petit tursiops (grand dauphin). La couleur de la livrée varie d'un individu à l'autre et pâlit avec l'âge.

À l'inverse de ses cousins les dauphins d'eau douce, le tucuxi possède une véritable nageoire dorsale.

- *Sotalia fluviatilis*, aussi appelé sotalie ou dauphin gris d'Amazonie
- Côtes orientales de l'Amérique du Sud, du Panama à Rio de Janeiro et dans les embouchures de l'Orénoque et de l'Amazone
- Eaux côtières et fleuves
- 1,30 à 1,80 m ; 35 à 45 kg
- Gris-bleu ou gris-brun ; ventre blanc, rosé ou gris clair

Le sténo

La forme de sa tête est unique : son long bec mince se prolonge directement par le melon, sans sillon net comme chez les autres dauphins. Sa tête étroite et ses grands yeux saillants lui donnent un aspect un peu reptilien.
Autre caractéristique de l'espèce : elle arbore sur les mâchoires de curieuses dents striées.

- *Steno bredanensis*, aussi appelé dauphin à bec étroit, sténo rostré ou dauphin à dents rugueuses
- Eaux tropicales, subtropicales et tempérées du monde entier
- Haute mer
- 2,10 à 2,60 m ; 100 à 150 kg
- Dessus et flancs gris foncé ; ventre blanc du bec à la partie anale ; taches roses ou jaunes sur les flancs et le ventre ; lèvres et gorge parfois blanc rosé

Rapide et pas vraiment farouche, il n'hésite pas à se dérouter pour venir faire la course avec les navires.

Ses dents présentent des sillons verticaux, au lieu d'être lisses comme chez tous les dauphins.

Le dauphin à bosse de l'Atlantique

C'est le seul cétacé qui remonte les fleuves d'Afrique. Ce dauphin au melon rond et au long bec mince a l'allure d'un tursiops, une espèce avec laquelle il vit d'ailleurs volontiers.
Il est célèbre car c'est lui qui, en Mauritanie, coopère avec les pêcheurs imragens en poussant les bancs de mulets dans les filets tendus près du rivage.

- *Sousa teuszii*, aussi appelé sotalie du Cameroun ou sousa de l'Atlantique
- Afrique de l'Ouest tropicale (sud du Maroc, Mauritanie, Sénégal, Cameroun, et peut-être jusqu'en Angola)
- Eaux côtières, estuaires, mangroves
- 2 à 2,80 m ; 100 à 250 kg
- Gris ardoise ; dessous plus clair

Sa bosse allongée, bien visible au milieu du dos, est surmontée d'une toute petite nageoire dorsale.

Le dauphin à bosse de l'Indo-Pacifique

Le petit aileron de ce dauphin robuste est planté sur une bosse graisseuse dont on ignore la fonction. Chez les spécimens de l'océan Indien, la bosse est bien apparente alors que, chez ceux du Pacifique, elle est fortement réduite. Ce Quasimodo patrouille près des récifs et des mangroves, à la recherche de poissons et de crustacés, et il remonte parfois certains fleuves.

Sousa chinensis, aussi appelé sousa du Pacifique ou sotalie de Chine

Océan Indien et Pacifique occidental

Eaux côtières peu profondes et estuaires

2 à 3 m ; 150 à 200 kg

Blanchâtre, grisâtre ou tacheté ; le ventre est rose pâle.

On aperçoit souvent ce noctambule, puisqu'il vit plutôt la nuit, nageant en solitaire ou en petits groupes de 5 à 20 sujets maximum.

Il roule sa bosse du cap de Bonne-Espérance à Madagascar, mais aussi en mer Rouge et en Inde.

Le dauphin à long bec

Roi des fantaisies aquatiques, il peut sauter en vrillant 7 fois sur lui-même avant de retomber dans une gerbe d'écume. Ce « dauphin fileur » nage à plus de 40 km/h ! Excellent surfeur, il adore jouer à l'avant des bateaux. Bon plongeur, il chasse poissons et calmars, bien au-delà de 200 mètres. Mais malgré ses performances d'athlète, quand il nage en compagnie des thons, il n'échappe pas aux sennes tournantes, ces vastes filets déployés en cercle dont le fond se referme comme une épuisette géante.

- *Stenella longirostris*, aussi appelé dauphin à long bec ou dauphin fileur
- Eaux chaudes de l'Atlantique, du Pacifique et de l'océan Indien
- Pleine mer et littoral (si les fonds sont importants)
- 1,70 à 2,30 m ; 45 à 75 kg
- Trois zones de couleurs distinctes : dessus noir bleuté ou gris-brun ; flancs gris-bleu ; tache ventrale blanche, crème ou rosée

Ses démonstrations aériennes sont époustouflantes ! Il peut bondir à plus de 3 m de haut en tordant son corps en S.

Long de 20 cm, son bec mince lui permet de fendre l'eau et de saisir adroitement ses proies.

Le dauphin blanc et bleu

Il se déplace en marsouinant, c'est-à-dire en faisant des bonds à la surface de l'eau, de façon spectaculaire à plus de 28 km/h. Sa livrée, agrémentée d'une superbe flamme claire sur les flancs, est de toute beauté. Chassé pour sa chair depuis des siècles, il est aujourd'hui le dauphin le plus massacré au Japon. En outre, il est souvent pris accidentellement dans les filets. Si la plupart des pêcheurs s'efforcent de le relâcher, dans le Pacifique oriental, on le tue systématiquement.

C'est un très bon acrobate capable d'exécuter des sauts périlleux arrière ou de nager sur le dos.

- *Stenella coeruleoalba*, aussi appelé dauphin de Thétis, dauphin grec, dauphin rayé ou « de la déesse »
- Eaux tropicales, subtropicales et tempérées de tous les océans
- Au large et près des côtes si le fond est important
- 1,80 à 2,50 m ; 90 à 150 kg
- Flamme dorsale claire jusqu'au-dessous de l'aileron ; ventre blanc ou rose séparé des flancs par une fine ligne noire ; bec noir. Deux lignes foncées courent en oblique de l'œil à la pectorale.

Le dauphin commun

Ce héros de nombreux mythes et légendes de l'Antiquité – il fut le compagnon d'Ulysse dans l'Odyssée – est l'ami des marins, car le voir porte bonheur. On l'identifie à son bec long et fin, bien démarqué du melon par le sillon frontal, ainsi qu'à sa coloration complexe qui varie selon les populations, mais qui dessine toujours un sablier couché. Vitesse, élégance et performance définissent ce beau dauphin à la silhouette élancée.

- *Delphinus delphis,* aussi appelé dauphin des Anciens ou dauphin camus
- Toutes les eaux tropicales, subtropicales et tempérées du globe
- Large et littoral
- 1,70 à 2,40 m ; 70 à 110 kg
- Dessus gris ou noir ; flancs teintés de jaune ou d'ocre à l'avant et de gris à l'arrière, dans un dessin croisé en un X allongé ; dessous blanc

Les dauphins communs chassent en bande. Ils peuvent constituer une armada écumante de plusieurs centaines d'individus (jusqu'à 2 000).

Plutôt familier, il s'approche des bateaux et chevauche les lames d'étrave. On peut alors contempler sa magnifique livrée colorée.

Le grand dauphin

Il est « le dauphin » par excellence. Son portrait est célèbre : un melon bien distinct séparé du bec par un profond sillon frontal, une mandibule qui déborde de la mâchoire supérieure, mais surtout l'apparence prononcée d'un éternel sourire qui fait de lui la « star » des dauphins.
Il est très social, organisé et solidaire pour chasser, se défendre contre un agresseur ou assister un des siens en difficulté. Depuis l'Antiquité, il a aussi la réputation de porter secours aux hommes en perdition en mer.

À l'intérieur d'un groupe, les dauphins adultes protègent efficacement leurs jeunes : ces derniers évoluent toujours derrière un rempart d'adultes.

- *Tursiops truncatus*, aussi appelé tursiops, dauphin à nez-en-bouteille, dauphin à gros nez, souffleur ou dauphin tronqué
- Eaux tempérées froides à tropicales du monde entier
- Zones côtières, estuaires, ports. Certaines populations fréquentent la haute mer.
- 2 à 4 m ; 150 à 600 kg (2 variétés différentes)
- Gris ardoise s'éclaircissant vers la gorge et l'abdomen ; ventre blanchâtre parfois rosé

Personne ne résiste à son sourire… Mais il lui vaut d'être capturé pour être présenté au public dans les delphnariums : les liens familiaux et hiérarchiques de son ancien groupe sont alors complètement déstabilisés.

Le grand dauphin, un fin stratège

Sa technique de pêche est très au point : le groupe repère au sonar un banc de poissons. Des « rabatteurs » encerclent les proies et les regroupent en frappant violemment l'eau de leur queue. Ces coups de queue, mais aussi les clicks puissants des dauphins, désorientent les poissons qui, paniqués, se resserrent en boule compacte. Plus loin, des dauphins « sentinelles » récupèrent les fuyards. Puis chacun son tour vient plonger, gueule ouverte, dans ce grand plat de friture vivante.

Les coups de queue, mais aussi les clicks puissants des dauphins désorientent les poissons qui, paniqués, se resserrent en boule compacte.

Très jeune, la mère apprend à son petit à chasser les capelans, anchois, calmars, saumons et crevettes dont l'espèce se régale.

Le grand dauphin ne mâche pas ses proies, il les gobe. Mais avec ses dents coniques recourbées vers l'arrière, aucune proie, même glissante, ne peut en réchapper.

Le dauphin tacheté pantropical

Le corps de ce superbe dauphin à la silhouette élancée est piqué de taches grises : le nombre des mouchetures se multiplie avec l'âge. Rapide et vigoureux, il avance par bonds tendus au ras de l'eau. Lorsqu'il chasse au large, il s'associe aux thons à nageoires jaunes (*Thunnus albacares*). Habitude fatale : il est alors capturé en leur compagnie dans des filets de pêche.

- *Stenella attenuata,* aussi appelé dauphin bridé ou dauphin douteux
- Eaux tropicales et parfois tempérées chaudes de l'Atlantique, du Pacifique et de l'océan Indien
- Littoral et pleine mer
- 1,50 à 2,50 m ; 100 à 140 kg
- Dessus gris foncé ; bande gris clair au milieu ; dessous gris pâle, mouchetures claires ou sombres sur tout le corps ; ligne foncée de la nageoire pectorale au bec

Ce dauphin, pourtant parfait acrobate, refuse le dressage et se laisse mourir si on le maintient en captivité.

Le dauphin tacheté de l'Atlantique

Avec sa livrée gris velouté constellée de taches, il est l'un des plus beaux dauphins. Ces mouchetures lui servent de camouflage pour échapper à la vue des requins qu'il redoute ou des proies qu'il chasse. Elles permettent aussi aux sujets d'un groupe de se reconnaître entre eux. Plus robuste et plus trapu que le dauphin pantropical, il arbore en plus une flamme claire sur ses flancs.

- *Stenella frontalis,* aussi appelé dauphin de l'Atlantique ou dauphin du Gulf Stream
- Eaux tropicales et tempérées chaudes de l'océan Atlantique
- Eaux côtières et large
- 2 à 2,30 m ; 100 à 140 kg
- Gris foncé sur le dos ; gris clair sur les flancs avec une flamme en diagonale ; blanc sur le ventre ; des taches partout sur le corps (sauf chez les jeunes)

Curieux, amical, insolent et provocateur, il aime s'amuser avec les plongeurs en les imitant ou en leur fonçant dessus, les évitant au dernier moment.

Ils écument les eaux chaudes en groupes de 10 à plusieurs centaines de sujets et sont célèbres aux Bahamas car ils s'approchent volontiers des bateaux qui leur rendent visite.

Dans l'univers des cétacés, ces dauphins sont d'époustouflants danseurs, inégalés pour leurs chorégraphies collectives.

Le dauphin d'Électre

Ce dauphin s'identifie facilement à son corps effilé en torpille, à ses longues nageoires pointues et à ses lèvres maquillées de blanc. C'est sans doute un leurre destiné aux calmars des grands fonds, sa nourriture préférée. Cette espèce, qui écume les mers en troupeaux conséquents, rarement moins de 25 individus, déclenche la crainte parmi les petits cétacés qui croisent sa route.

Peponocephala electra, aussi appelé péponocéphale ou tête de melon d'Électre

Eaux chaudes des océans du monde entier

Grand large

2 à 2,70 m ; 160 à 270 kg

Gris foncé avec une tache gris-blanc (en forme d'ancre marine) sur le ventre

De profil, sa tête pointue en forme de pastèque lui vaut le sobriquet de « tête de melon ».

L'orque pygmée

Très peu connu et rarement observé, il est très difficile à approcher. Avec sa livrée foncée et ses lèvres blanches (certains ont le menton blanc), on peut le confondre avec le dauphin d'Électre. Mais sa petite tête est plus arquée. En captivité, il est très agressif envers l'homme et il est impossible de le faire cohabiter avec d'autres cétacés. Normal, puisque dans la nature, il semble qu'il les chasse !

Ce nageur vigoureux n'a aucun mal à rattraper les calmars et les poissons en bancs dont il se nourrit.

Feresa attenuata, aussi appelé orque nain ou globicéphale nain

Eaux tropicales et subtropicales de tous les océans

Pleine mer

2,10 à 2,60 m ; 110 à 170 kg

Bleu nuit ou gris foncé avec des lèvres blanches et une grande tache blanche sur le ventre

Le pseudorque

Curieux, ce puissant dauphin de plus de 5 mètres de long n'hésite pas à s'approcher des bateaux. Il émerge souvent à la surface, bouche ouverte, dévoilant ses impressionnantes rangées de grosses dents pointues. Sa nourriture se compose de céphalopodes, mais aussi de poissons de belle taille comme les thons, carangues, coryphènes ou marlins. Parfois, il s'attaque en meute aux otaries et aux dauphins.

- *Pseudorca crassidens*, aussi appelé faux orque
- Eaux tempérées et chaudes du globe
- Haute mer et près des côtes si les fonds sont importants
- 3 à 6 m ; 1,1 à 2 t (femelle beaucoup plus petite que le mâle)
- Noir ou gris foncé avec une tache blanche ou grise, en forme de W, sur la poitrine

Bien que sa denture soit impressionnante, le pseudorque n'est pas agressif. Ce grand prédateur n'utilise sa puissance que pour chasser ses proies.

L'orque

L'orque est la terreur de tous les animaux marins.
Et sans aucun ennemi naturel, il est le seigneur des océans !
C'est aussi le plus beau, le plus malin et le plus étonnant des dauphins. Celui qui possède le plus vaste royaume.
Une adaptation unique dans le monde animal, qu'il doit à son intelligence.
Mais le plus grand des dauphins est aussi un tendre.
Il ne peut se passer des siens et de leurs caresses.
Un clan rassemble jusqu'à 4 générations !

UN ESPRIT DE CLAN
À la saison des amours, plusieurs clans peuvent se rassembler et former des troupeaux immenses. Pendant quelques heures, les orques quittent leur famille pour choisir un partenaire, mais ils reviennent après l'accouplement. Un orque reste toute sa vie dans le clan qui l'a vu naître.

Les dents de l'orque sont recourbées vers l'arrière et, lorsqu'il ferme ses mâchoires, elles s'entrecroisent.

Les orques sont des bavards, ils se « parlent » sans cesse. À des kilomètres à la ronde, l'eau est parfois chargée de messages. Pour les chercheurs, leur langage est aussi complexe que le langage humain.

Orcinus orca, aussi appelé épaulard ou baleine tueuse

Tous les océans

Pleine mer, eaux côtières, baies, mers intérieures, estuaires

6 à 10 m ; 3 à 9 t (mâle plus long et plus lourd que la femelle)

Noir d'encre aux larges taches blanches, dont une isolée en arrière de l'œil ; selle grise derrière l'aileron dorsal (elle permet d'identifier les individus)

Quand il est amoureux, pour séduire une femelle, l'orque mâle fait toutes sortes d'acrobaties comme bondir à la verticale, entièrement hors de l'eau.

L'orque, les autres dents de la mer

Le régime alimentaire de l'orque est tout aussi diversifié que celui d'un autre superprédateur marin, le grand requin blanc : oiseaux de mer, tortues, poissons (y compris les requins), baleines, dauphins, phoques, otaries et lions de mer. Cependant, contrairement à certains squales et malgré sa grande férocité, il ne s'attaque jamais à l'homme. Et s'il a parfois coulé des voiliers (dans des zones où il avait été chassé quelque temps auparavant), il n'a jamais agressé les marins tombés à l'eau : l'orque n'est pas un mangeur d'hommes !

Nomades ou sédentaires

Il existe 2 populations d'orques bien distinctes. Les orques nomades ne se déplacent qu'en petit nombre. Ils maraudent sur de vastes étendues et se nourrissent surtout de mammifères. Même les grandes baleines sont leur cible. Ils peuvent se rassembler en meute comme les loups pour attaquer. On les reconnaît à leur dorsale plus pointue. Les orques sédentaires (ci-dessous), pêcheurs de poissons, vivent en grand groupe bruyant. Et leur domaine est plus restreint.

Curieux, l'orque espionne en surface, en sortant sa tête de l'eau. Dans ses zones de chasse, il peut ainsi repérer ses proies sur la grève ou sur les blocs de glace où elles se réfugient.

Le globicéphale tropical

Ce grand dauphin sombre est long et massif à la fois. À cause de son melon volumineux qui grossit avec l'âge, il a une tête toute ronde. La mâchoire de ce mangeur de seiches et de calmars ne comporte que très peu de dents (7 à 9 par demi-mâchoire).
Un mâle a besoin d'une cinquantaine de kilos de nourriture par jour ! Pour être rassasié, il fait d'incessants allers-retours à plus de 500 mètres de profondeur.

Ses mâchoires et ses dents sont, comparées à l'ensemble de son corps, incroyablement petites.

L'espèce vit en banc solidaire. Paisibles, les globicéphales passent une grande partie de leur journée à flotter immobiles en surface. Ils chassent surtout la nuit.

- *Globicephala macrorhynchus*, aussi appelé globicéphale à nageoires courtes ou baleine pilote
- Eaux très chaudes des trois grands océans
- Littoral et pleine mer
- 3,60 à 8 m ; 1 à 4 t (femelle beaucoup plus petite que le mâle)
- Noir ou gris foncé ; tache grise ou blanche sur le ventre ; selle grise en forme de Y autour de l'aileron dorsal

Le globicéphale noir

Lorsqu'il fait surface, il montre son gros melon rond, noir et luisant. Son souffle puissant monte à plus de 1,50 mètre de haut. Excellent plongeur, il sonde régulièrement entre 100 et 200 mètres, mais il peut disparaître pendant 1 heure 30 lorsqu'il descend à plus de 1 000 mètres.
On l'appelle aussi « dauphin pilote » car les marins disaient que, jadis, dans la tempête, il menait les bateaux égarés à bon port.

- *Globicephala melas*, aussi appelé globicéphale grinde, orque à tête ronde, dauphin pilote ou globicéphale à longues nageoires
- Eaux tempérées, froides et subpolaires de tous les océans (sauf le Pacifique Nord)
- Littoral et pleine mer
- 4,80 à 8,50 m ; 1,3 à 3,8 t
- Noir ou gris foncé ; tache gris-blanc en forme d'ancre sur la poitrine et le ventre

Il est pratiquement impossible de distinguer le globicéphale noir du globicéphale tropical

Ses nageoires pectorales sont particulièrement longues, coudées et pointues et sa tête globuleuse est énorme en comparaison de son corps plutôt svelte.

Échouages massifs

Les globicéphales noirs sont les cétacés qui s'échouent le plus. Sensibles aux variations du champ magnétique terrestre, ils « perdent la boussole » et font fausse route quand ces lignes de champ viennent s'écraser sur le rivage. Si un meneur se rabat vers la plage, les autres le suivent aveuglément.

Le lissodelphis austral

Ce dauphin est vraiment très surprenant : il est plus large que haut ! En effet, pour une meilleure stabilité, il a compensé l'absence d'aileron sur son dos par un corps inhabituellement aplati chez les dauphins. En plus, sa livrée noir et blanc est spectaculaire. Elle a inspiré Herman Melville dans Moby Dick, qui l'appelle le « marsouin à la bouche enfarinée ».

Gracieux, ce dauphin à la silhouette effilée nage vite, en effectuant au ras des flots des bonds allongés qui rappellent ceux d'un manchot.

- *Lissodelphis peronii*, aussi appelé dauphin baleine franche, dauphin de Peron
- Eaux tempérées froides de l'hémisphère Sud (principalement Chili, Afrique du Sud et surtout Nouvelle-Zélande)
- Grand large
- 1,80 à 2,90 m ; 60 à 100 kg
- Noir charbon et blanc

Le lissodelphis boréal

Son nom de lissodelphis peut se traduire par « dauphin lisse ». Il est donc privé d'aileron dorsal. Il possède une jolie silhouette, qui s'affine au niveau du tronçon caudal, et une belle livrée noir et blanc. Sa façon de nager est très caractéristique : il se déplace par bonds comme s'il était monté sur ressort !

Quant il marsouine, chaque bond atteint une longueur de 7 m. Il arrive qu'on le confonde avec une otarie.

Lissodelphis borealis, aussi appelé dauphin du Nord ou dauphin à dos lisse

Pacifique Nord, du Japon à la Californie

Eaux profondes du large et eaux côtières

2 à 3 m ; 70 à 115 kg

Noir luisant ; ventre blanc ; tache blanche sous le bec

Sa peau d'un noir profond est sûrement la plus luisante de tous les cétacés.

Le céphalorhynque noir

Ce tout petit cétacé, qu'on peut confondre avec un marsouin, est splendide. Sa livrée noir velouté est joliment ponctuée de trois taches blanches sur le ventre. Malheureusement, les effectifs de cette espèce sont réduits et, malgré les interdictions, les Chiliens continuent d'en tuer pour servir d'appâts dans leurs nasses à crabes royaux.

On le croise généralement en petits groupes à l'entrée des fjords, des baies et à l'embouchure des fleuves, mais on a vu des troupeaux d'au moins 400 individus.

- *Cephalorhynchus eutropia*, aussi appelé dauphin noir du Chili ou dauphin à ventre blanc
- Chili, de Valparaiso à l'extrême sud du cap Horn
- Eaux côtières
- 1,20 à 1,70 m ; 30 à 65 kg
- Gris foncé ; lèvres, gorge et ventre blancs

Le céphalorhynque d'Hector

Son aileron arrondi et noir lui vaut le surnom de « Mickey Mouse dolphin ». C'est vraiment le lutin des vagues, toujours en train de marsouiner ou de sauter. Pas farouche, il s'approche volontiers des bateaux et prend quelques instants de récréation pour nager avec des baigneurs. Il adore la compagnie des enfants ! Ce farceur vient même souffler près des petites embarcations pour en arroser les occupants.

Ce petit dauphin, au corps en forme de barrique, est une vraie torpille : il nage à plus de 40 km/h.

- *Cephalorhynchus hectori*, aussi appelé céphalorhynque à front blanc ou dauphin de Nouvelle-Zélande
- Archipel néo-zélandais
- Eaux côtières
- 1,40 à 1,70 m ; 40 à 60 kg
- Camaïeu de noir, de gris foncé et gris clair sur le dos, les flancs et le dessus de la tête ; gorge, poitrine et ventre blancs

L'espèce vit en petites bandes, uniquement en Nouvelle-Zélande. Même si la zone est aujourd'hui protégée, l'espèce est en danger car les captures dans les filets sont encore trop nombreuses.

Le céphalorhynque de Commerson

Sa tête conique sans démarcation entre le melon et le bec et son petit corps trapu le font davantage ressembler à un marsouin. Mais pas de doute, son comportement joueur et très actif en surface est bien celui d'un dauphin ! Prédateur rapide, il pousse des pointes à 55 km/h, ne laissant que peu de chances aux proies qu'il poursuit.

Cephalorhynchus commersonii, aussi appelé céphalorhynque pie, dauphin de Commerson ou jacobite

Sud de l'Amérique du Sud, y compris les îles Falkland, ainsi que les îles Kerguelen dans l'océan Indien

Près du rivage dans des eaux de moins de 100 m de profondeur, les baies et les embouchures de fleuves (qu'il peut remonter)

1,40 à 1,70 m ; 40 à 80 kg

Noir et blanc ; zone blanche sous la gorge ; tache noire sur le ventre

La livrée bicolore noir et blanc de cet élégant dauphin n'apparaît qu'à l'âge adulte.

Le lagénorhynque à bec blanc

Contrairement à ce qu'indique son nom, le bec du plus gros lagénorhynque n'est pas toujours blanc. Il vire parfois au brun moucheté, au gris ou au noir. Quant au dessin de sa livrée, il varie d'un individu à l'autre. Bien qu'il soit très craintif, il s'amuse parfois à rattraper les bateaux rapides à la course et chevauche la lame d'étrave.

- *Lagenorhyncus albirostris*, aussi appelé dauphin à nez blanc
- Eaux froides de l'Atlantique Nord, depuis le nord-est des États-Unis jusqu'au Groenland et à la mer du Nord
- Eaux côtières et pleine mer
- 2,70 à 3,20 m ; 180 à 275 kg
- Dos noir ; ventre blanc ; différentes zones blanches, grises et noires sur les flancs

Quand il nage à grande vitesse en surface, on dirait un hors-bord : il fait jaillir derrière lui un panache d'écume et son corps se soulève légèrement hors de l'eau au moment de respirer.

Le lagénorhynque à menton noir

On peut le confondre avec le lagénorhynque obscur, mais il s'en distingue par sa face et son menton noirs. Ce dauphin, amateur de mollusques, de poissons et de crustacés, est souvent aperçu près du rivage dans les champs d'algues. Il chevauche parfois la lame d'étrave des grands navires et saute souvent en l'air pour retomber dans une gerbe d'écume.

Très fréquent en Terre de Feu, ce dauphin au corps robuste est le cétacé le plus souvent aperçu par les navigateurs dans le détroit de Magellan.

- *Lagenorhynchus australis*, aussi appelé lagénorhynque de Peale ou dauphin austral
- Amérique du Sud, de la péninsule Valdès (côté Atlantique) à Valparaiso (côté Pacifique) et îles Falkland
- Eaux côtières
- 2 à 2,60 m ; 100 à 135 kg
- Face, menton et dos gris-noir ; flancs gris-blanc ; rayure blanche de chaque côté

Le lagénorhynque obscur

Très social, cet élégant dauphin peut communiquer sur de longues distances en utilisant une sorte de « téléphone arabe » pour faire passer un message de troupeau en troupeau. Il a aussi un code spécial d'alerte à l'orque : dès qu'il émet un son strident, tous les lagénorhynques des alentours se ruent vers le rivage pour se réfugier dans la zone de turbulences des vagues ou se cacher parmi les récifs, en attendant que le danger passe.

Ce prédateur se régale de poissons de fond, de poissons de roche et de crustacés. Excellent plongeur, il fait aussi des festins de calmars dans les profondeurs.

C'est l'un des meilleurs acrobates, réputé pour la hauteur exceptionnelle de ses sauts.

Lagenorhynchus obscurus, aussi appelé lagénorhynque de Gray

Nouvelle-Zélande, Afrique australe et Amérique du Sud

Eaux côtières

1,60 à 2,10 m ; 50 à 90 kg

Dos gris foncé ; ventre blanc ; 2 flammes blanches sur les flancs ; nageoire dorsale bicolore

Le lagénorhynque à flancs blancs de l'Atlantique

Ce dauphin à la livrée arlequin possède un corps robuste au tronçon caudal épais. Très athlétique, c'est un nageur vif, qui saute souvent, dresse sa queue hors de l'eau et chevauche la lame d'étrave des navires les plus rapides. Social, il forme de grands troupeaux au large et de plus petits près des côtes. Malheureusement, l'espèce s'échoue fréquemment.

On le confond parfois avec le dauphin commun à cause du dessin gris, blanc, jaune et noir de sa livrée.

- *Lagenorhynchus acutus*, aussi appelé dauphin d'Eschricht
- Eaux tempérées froides et subarctiques de l'Atlantique Nord
- Pleine mer et littoral. Remonte les fleuves au Canada
- 2 à 2,80 m ; 165 à 250 kg
- Dos gris foncé ; rayure gris pâle sur toute la longueur du corps ; bande jaune sur chaque côté du tronçon caudal ; bande blanche sous la nageoire dorsale ; ventre blanc

Le lagénorhynque à flancs blancs du Pacifique

Ce lagénorhynque, à l'œil malin maquillé de noir, a un petit rostre noir non démarqué de la tête, qui donne à celle-ci une forme ogivale bien particulière. Nageur actif, il fonce à 40 km/h. Il chasse en groupe dans les bancs d'anchois, de sardines ou de harengs. Pour effrayer ses proies et les regrouper près de la surface, il se transforme en superbe acrobate : il saute, tournoie dans les airs et effectue des sauts périlleux.

- *Lagenorhynchus obliquidens*, aussi appelé lagénorhynque de Gill ou dauphin à dents obliques
- Eaux tempérées du Pacifique Nord
- Haute mer et près du littoral si la profondeur est suffisante
- 1,70 à 2,40 m ; 90 à 140 kg
- Dos noir ou gris foncé ; ventre blanc ; zone gris pâle au-dessus des pectorales ; longue rayure gris pâle sur les flancs ; nageoires dorsale et pectorales bicolores

C'est un dauphin très démonstratif : il adore bondir hors de l'eau.

Quand il nage en surface, seul son aileron dépasse : il peut alors être confondu avec celui d'un requin.

Sous l'eau, on le reconnaît aisément à son œil cerclé de gris foncé et à son bec noir qui contraste avec sa face plus claire.

Le dauphin de Risso

Uniformément gris à la naissance et pouvant devenir blanc, ce grand dauphin est identifiable à sa peau zébrée de cicatrices. Toutes ces marques sont avant tout infligées par les morsures de ses congénères, voire par les becs acérés des calmars dont il se nourrit. C'est un excellent plongeur, capable de rester plus d'une demi-heure en apnée. Il évolue en bandes de 10 à 15 individus et se mêle souvent à d'autres espèces. Il lui arrive de s'accoupler avec le grand dauphin.

Grampus griseus, aussi appelé grampus ou dauphin gris

Eaux tropicales et tempérées chaudes

Eaux profondes du grand large et côtes si les fonds sont importants

3 à 4,20 m ; 300 à 500 kg

Gris ou presque blanc ; ventre clair ; cicatrices blanches

Ce « balafré » n'est pas plus agressif qu'un autre cétacé. Simplement, la couche supérieure de son épiderme, une fois égratignée, ne se reconstitue pas et laisse apparaître définitivement la sous-couche plus claire.

Le dauphin de Fraser

Le premier dauphin de Fraser vivant fut observé en 1970, alors que l'espèce a été décrite en 1956 à partir d'une carcasse découverte en 1895 ! Depuis, on a souvent aperçu des groupes allant jusqu'à 1 000 individus, mais il reste mal connu. Ni démonstratif ni très joueur, il se méfie des bateaux et les évite. Excellent plongeur, il chasse, au moins jusqu'à 500 mètres et peut-être jusqu'à 1 000 mètres, les poissons abyssaux et les calmars.

Ce dauphin qui nage et saute de manière agressive soulève beaucoup d'écume.

Lagenodelphis hosei, aussi appelé dauphin d'Hose ou dauphin de Bornéo

Eaux tropicales et tempérées chaudes des trois grands océans

Pleine mer

2 à 2,70 m ; 130 à 210 kg

Dessus noir ou gris ; ventre blanc ; flancs gris foncé avec une bande gris clair ; ligne noire de la bouche aux minuscules nageoires pectorales

Le dauphin de l'Irrawaddy

Avec sa drôle de tête ronde sans rostre, sa bouche rectiligne et ses yeux globuleux, il est plutôt surprenant. Il vit en petits groupes jusqu'à 10 individus dans les eaux côtières, et dans celles, troubles, où abondent les carpes. Il sort parfois la tête de l'eau et est capable de se déplacer à reculons dressé sur sa queue.

- *Orcaella brevirostris*, aussi appelé orcelle de l'Irrawaddy, dauphin à bec court
- Océans Indien et Pacifique, du golfe du Bengale au nord de l'Australie, en passant par l'Asie du Sud-Est, l'Indonésie et la Nouvelle-Guinée
- Eaux côtières peu profondes, estuaires envasés, zones de mangrove et fleuves
- 2,10 à 2,75 m ; 90 à 190 kg
- Gris-bleu ; ventre plus clair

Il fréquente aussi les plus grands fleuves (Brahmapoutre, Gange, Mékong, Mahakam et Irrawaddy) qu'il remonte sur plusieurs centaines de kilomètres, lors des crues de la mousson.

Ce facétieux dauphin de couleur gris-bleu a la faculté de modifier l'expression de son « visage » et de cracher avec précision un puissant jet d'eau sur les hommes qu'il approche facilement.

Le béluga

Sa longue silhouette fantomatique hante l'océan glacial Arctique. Une simple petite crête bosselée remplace l'aileron dorsal : pratique pour nager des kilomètres sous la banquise ! Si elle ne dépasse pas 15 centimètres d'épaisseur, il la brise à coups de tête pour respirer. Il dispose aussi, pour se repérer dans ce labyrinthe de glace, du sonar le plus sophistiqué de tous les cétacés.

Le béluga est capable de changer d'expression faciale : il sourit, fait mine de siffler, prend un air grognon et d'autres mimiques diverses. Lorsqu'il produit des sons, il peut aussi modifier la forme de son front.

- *Delphinapterus leucas*, aussi appelé dauphin blanc, baleine blanche ou canari de mer
- Régions arctiques et subarctiques
- Pleine mer et eaux côtières et banquise
- 4 à 6 m ; 400 à 1 500 kg (femelle plus petite que le mâle)
- Adulte blanc (un peu crème, parfois avec des reflets bruns) ; nouveau-né brun-rouge puis gris ardoise jusqu'à 3 ans

En russe béluga signifie « créature blanche ». Tels des revenants, ils ondulent en douceur dans les eaux glacées du Grand Nord.

Le narval

Ce dauphin à la robe mouchetée n'a que deux canines à la mâchoire supérieure. Par une bizarrerie de la nature, celle de gauche transperce la lèvre et s'allonge en une superbe épée d'ivoire qui peut atteindre 2,80 mètres chez les mâles !
Dans l'océan glacial Arctique, il est la proie de l'orque, du morse, de l'ours blanc et du requin du Groenland.

Vivant exclusivement dans les eaux de l'Arctique, les narvals, comme les bélugas, se déplacent en suivant les mouvements saisonniers des glaces.

Leur longue dent d'ivoire torsadée pèse 10 kg. Elle joue un rôle dans le comportement social et sexuel, au même titre que les bois des cerfs reflètent leur puissance.

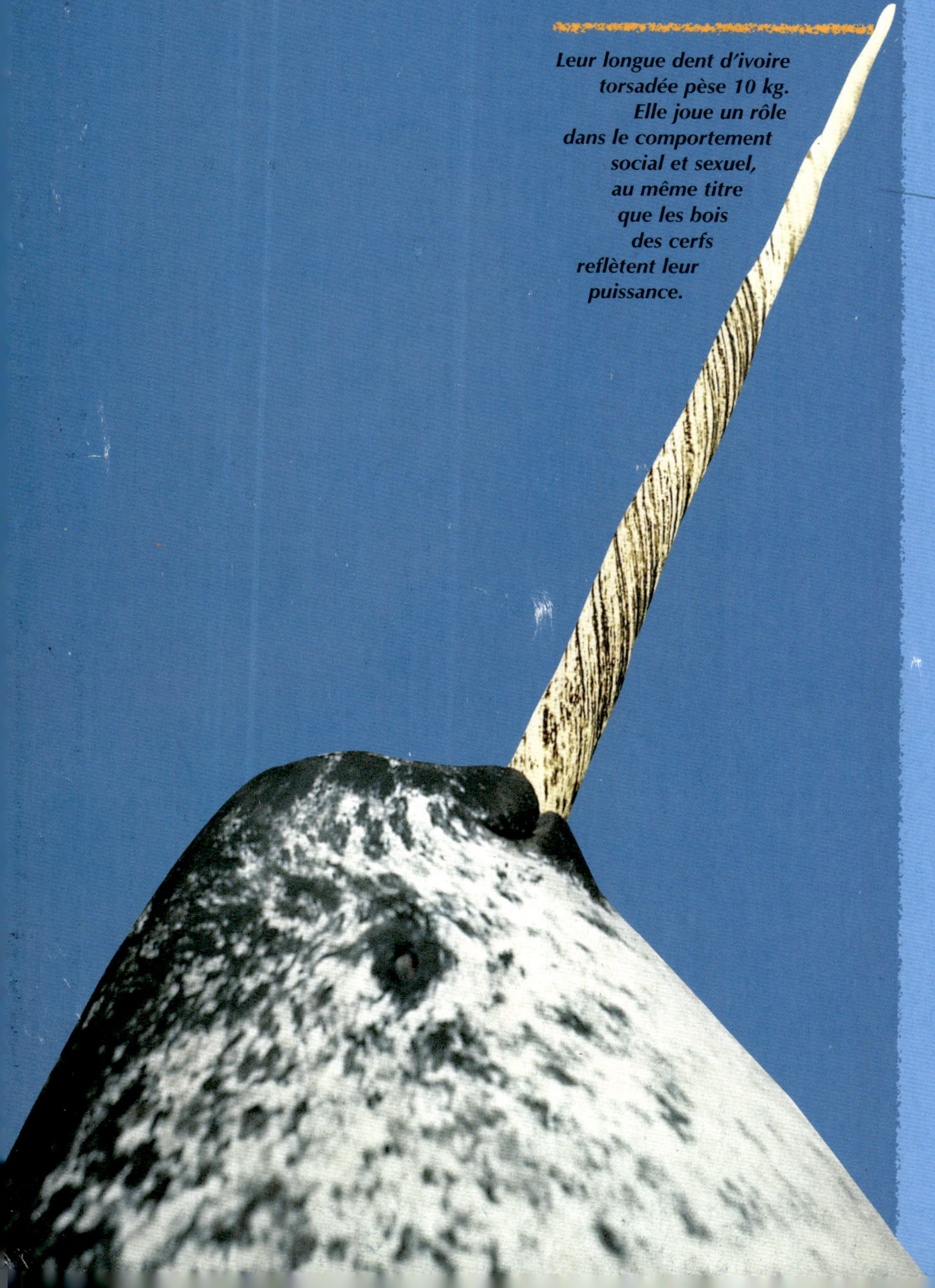

- *Monodon monoceros*, aussi appelé licorne de mer
- Zone arctique
- Autour de la banquise
- 4 à 6,20 m (sans l'épée) ; 800 à 1 800 kg
- Dos et flancs mouchetés de gris foncé ; ventre gris clair ou blanc

Des lances acoustiques

Pour la conquête d'une belle, les mâles « croisent le fer ». Leur corne est une arme redoutable. La tête des mâles, couverte de cicatrices, en est la preuve. Elle jouerait aussi un rôle d'amplificateur d'ondes sonores. Quand ils émettent des sons à très haute fréquence, elle vibre, perturbant leur ouïe très sensible et provoquant des malaises chez les plus faibles.